Schützeichel
Opus Dei

D1867196

Freiburger Akademieschriften, Band 5
Herausgegeben von der
Katholischen Akademie der Erzdiözese Freiburg

HARALD SCHÜTZEICHEL (Hg.)

Opus Dei

Ziele, Anspruch und Einfluß

Mit Beiträgen von
Peter Hertel, Dietmar Mieth, Hans Stephan Puhl,
Christel Schneller, Sturmius-M. Wittschier

Patmos Verlag Düsseldorf

Die Deutsche Bibliothek – CIP-Einheitsaufnahme

Opus Dei : Ziele, Anspruch und Einfluss / Harald Schützeichel (Hg.).
Mit Beitr. von Peter Hertel . . . –
1. Aufl. – Düsseldorf : Patmos-Verl., 1992
(Freiburger Akademieschriften ; Bd. 5)
ISBN 3-491-72264-0
NE: Schützeichel, Harald [Hrsg.]; Hertel, Peter; Katholische Akademie der Erzdiözese Freiburg: Freiburger Akademieschriften

© 1992 Patmos Verlag Düsseldorf
Alle Rechte vorbehalten
1. Auflage 1992
Umschlaggestaltung: Peter J. Kahrl, Neustadt/Wied
Satz: Katholische Akademie der Erzdiözese Freiburg
Druck und Bindung: Lengericher Handelsdruckerei, Lengerich
ISBN 3-491-72264-0

Inhalt

Vorwort

> »Gehorchen ..., sicherer Weg. Blind dem Vorgesetzten gehorchen ..., Weg der Heiligkeit. Gehorchen in deinem Apostolat ..., der einzige Weg; denn in einem Werk Gottes muß dies der Geist sein: daß man gehorcht oder geht.«
>
> *Josemaría Escrivá de Balaguer, Gründer des Opus Dei.*

> »Warum ich das Opus Dei verließ? Wenn ich es mit einem Wort sagen soll: ich will Leben, und ich will Wahrheit - im Gegensatz zu Sicherheit und Stabilität.«
>
> *Vladimir Felzman, ehemaliges führendes Opus-Dei-Mitglied.*

Die Meinungen über die »Prälatur vom Heiligen Kreuz und Opus Dei«, auch kurz nur »Opus Dei« genannt, gehen weit auseinander. Von den einen als »Zeichen der Hoffnung« hoch gelobt[1] und als »eine neue Seite im Buch der Kirchengeschichte« gerühmt[2], warnen andere dagegen eindringlich vor ihrer gesellschaftlichen und kirchlichen Macht und sehen in ihr eine »integralistische Machtballung«[3] oder gar eine »heilige Mafia«[4]. Macht allein ist freilich noch nicht verwerflich, wie schon Hans Urs von Balthasar 1964 in seinen »Friedlichen Fragen an das Opus Dei« feststellte, doch, so fährt er fort: »die alles entscheidende Frage

1 So der Apostolische Nuntius in Deutschland, Erzbischof Lajos Kada, laut KNA-ID Nr. 49, 5. Dezember 1991, 11.

2 *P. Berglar*, Opus Dei. Leben und Werk des Gründers Josemaría Escrivá, Salzburg 1983, 14.

3 *H. U. v. Balthasar*, Integralismus, in: Wort und Wahrheit 18, 1963, 742.

4 So die Bezeichnung für das Werk im Ursprungsland Spanien (vgl. *P. Hertel*, »Ich verspreche Euch den Himmel« - Geistlicher Anspruch, gesellschaftliche Ziele und kirchliche Bedeutung des Opus Dei, Düsseldorf [3]1991, 66); vgl. auch: *U. Haldimann*, Opus Dei - Die heilige Mafia, in: Die unheimlichen Patrioten, hg. v. J. Frischknecht, Zürich 1979, 344-381; *D. Metz/E. zur Bonsen*, Die diskrete Strategie der »Heiligen Mafia«, in: Süddeutsche Zeitung, 6. Juli 1990; *J. Ynfante*, La prodigiosa aventura del Opus Dei. Genesis y desarollo de la Santa Mafia, Paris 1970.

lautet: wozu wollt ihr sie? Was fangt ihr damit an? Welchen Geist gedenkt ihr mit diesen Mitteln zu verbreiten?«[5]

Informationen und Anhaltspunkte für die Suche nach einer Antwort auf diese Fragen zu liefern, das hatte sich eine Tagung der Katholischen Akademie der Erzdiözese Freiburg am 14./15. Dezember 1991 über das Opus Dei zum Ziel gesetzt. Mitglieder und Kritiker des Opus Dei haben zwei Tage lang über diese Organisation diskutiert, Informationen ausgetauscht und Hintergründe beleuchtet. Schwerpunkte der Tagung bildeten die Themenbereiche: Selbstverständnis des Opus Dei, Spiritualität und Frömmigkeit, die Sicht von Ehe und Sexualität sowie der gesellschaftliche und kirchliche Einfluß. Die Referate dieser Akademietagung liegen nun in gedruckter Form vor. Da die auf der Tagung geführte lebhafte Diskussion hier nicht wiedergegeben werden kann, werden statt dessen über die Tagungsvorträge hinaus zwei kurze Stellungnahmen[6] ergänzend hinzugefügt. Eine umfangreiche Bibliographie bietet schließlich Hinweise für die weitere Beschäftigung mit dem Opus Dei.

Ursprünglich sollten an dieser Stelle auch die für das Opus Dei geltenden *Statuten* (»Codex Iuris Particularis Operis Dei«) in lateinischer und deutscher Sprache (letzteres erstmals in vollständiger Übersetzung) veröffentlicht werden. Die einzig rechtlich verbindliche lateinische Fassung der seit 1982 geltenden *Statuten* ist veröffentlicht in dem Buch A. de Fuenmayor/V. Gómez-Iglesias/J. L. Illanes, *El itinerario jurídico del Opus Dei*, Pamplona ³1989, 628-657. Eine vollständige deutsche Übersetzung ist bisher nicht öffentlich erhältlich.

Auch eine Veröffentlichung der im Auftrag der Katholischen Akademie angefertigten Übersetzung der *Statuten* muß nun unterbleiben, da der über die Rechte verfügende spanische Verlag EUNSA (Ediciones Universidad de Navarra, Barcelona) die Erlaubnis zum teilweisen oder vollständigen Nachdruck der lateinischen Fassung bzw. deren Übersetzung verweigerte. Wenn die *Statuten* auch bei weitem nicht das gesamte Eigenrecht des Opus

5 *H. U. v. Balthasar*, Friedliche Fragen an das Opus Dei, in: Der christliche Sonntag, 12. April 1964, 117 f.

6 Siehe S. 63-68, 146-154.

Dei bilden[7], so bleibt doch zu hoffen, daß diese zentrale Rahmengesetzgebung für das Opus Dei bald endlich auch in deutscher Sprache der Öffentlichkeit zugänglich gemacht wird.[8]

Zum Verständnis der einzelnen Beiträge dieses Buches ist es notwendig, einige grundlegende Informationen zur Geschichte und Struktur des Opus Dei voranzuschicken, die in den anschließenden Texten zwar vorausgesetzt, aber nur zum Teil eigens angeführt werden.[9]

Gründer des Opus Dei ist der spanische Priester Josemaría Escrivá de Balaguer y Albás (1902-1975), der 1925 zum Priester geweiht wurde und neben der theologischen auch eine juristische Ausbildung erhielt. Seine lange Suche nach einer ihm von Gott zugedachten speziellen Aufgabe fand am 2. Oktober 1928 ihr Ende: Unter dem Klang der Glocken der Madrider Kirche

7 Dies belegen etwa die offene Schlußbestimmung Nr. 1 der *Statuten*, die verschiedenen Anspielungen auf zusätzliche Vorschriften oder »legitime Gewohnheiten« und die Beobachtung, daß an allen entscheidenden Stellen nie nur von den Bestimmungen der *Statuten*, sondern von »allen Normen« bzw. dem »ganzen Recht der Prälatur« gesprochen wird (vgl. etwa *Statuten*, Art. 27 § 2; 132 §§ 2, 5). Die früheren Fassungen des Eigenrechts des Opus Dei, wie etwa die Konstitutionen, enthalten gegenüber den *Statuten* nicht nur mehr als doppelt so viele Artikel, sondern auch wesentlich genauere Bestimmungen zu fast allen Rechtsbereichen, etwa im Hinblick auf das tägliche Leben der Mitglieder bzw. Gläubigen, die zu verrichtenden asketischen Praktiken, die verschiedenen Strukturen und Vorgehensweisen des Apostolats etc. Weder die Konstitutionen in ihrer letztgültigen Fassung noch andere Bestimmungen des Eigenrechts wurden bislang aber von Seiten des Opus Dei veröffentlicht, so daß es kaum möglich ist zu bestimmen, welche der früheren Vorschriften entsprechend der Schlußbestimmung Nr. 2 der *Statuten* für die Mitglieder des Opus Dei bzw. der Priesterlichen Gesellschaft vom Heiligen Kreuz heute noch in Kraft sind.
Die Konstitutionen des Opus Dei von 1950 wurden in nicht autorisierter, aber wohl authentischer lateinischer Fassung abgedruckt bei: *L. Perez-Castro* (Hg.), Los estatutos secretos del Opus Dei I, Madrid 1986. Auszüge aus verschiedenen internen Schriften des Opus Dei finden sich bei: *P. Hertel*, »Ich verspreche Euch den Himmel« - Geistlicher Anspruch, gesellschaftliche Ziele und kirchliche Bedeutung des Opus Dei, Düsseldorf [4]1991; Paulus-Akademie (Hg.), Opus Dei - Stoßtrupp Gottes oder »Heilige Mafia«? Macht und Einfluß des Opus Dei in der Schweiz und anderswo, Zürich 1992.

8 Nach Angaben des Kölner Informationsbüros des Opus Dei ist die Veröffentlichung einer deutschen Übersetzung der Statuten in Vorbereitung.

9 Im folgenden stütze ich mich vorwiegend auf *D. le Tourneau*, Das Opus Dei. Kurzporträt seiner Entwicklung, Spiritualität, Organisation und Tätigkeit, Stein am Rhein [2]1988, sowie *P. Hertel*, a.a.O.

»Unsere Liebe Frau von den Engeln«, die das Fest ihrer Patronin einläuteten, ließ ihn Gott während des Gebets das Opus Dei innerlich sehen.[10] Wie Dominique le Tourneau, Priester und Mitglied des Opus Dei, feststellt, »bestand dieses 'Sehen' nicht in einer allgemeinen Eingebung, sondern es handelte sich um etwas Präzises und inhaltlich klar Umrissenes, das er [Balaguer] in der Folge verwirklichte. Deshalb sagte der Gründer später, daß das Werk 'nicht ein menschliches, sondern ein großes *übernatürliches Unternehmen* ist, in dem sich von Anfang an buchstäblich alles erfüllt hat, was nötig ist, damit man es ohne Übertreibung Werk Gottes nennen kann'.«[11] Die Existenz des Opus Dei geht demnach auf einen göttlichen Willen zurück.[12] Die inhaltliche Ausrichtung des Werks läßt sich so umreißen: Jeder Mensch, ob Mitglied eines Ordens, Priester oder Laie, »ist zur Heiligkeit und zum Apostolat berufen, ohne deshalb seinen Platz in der Welt verlassen zu müssen. Die Wege dieser Erde können zu göttlichen Wegen werden, wenn man die übernatürliche Dimension der zeitlichen Wirklichkeiten, in denen sich das gewöhnliche Leben abspielt, zu entdecken vermag.«[13]

Dem Ansatz nach betont das Opus Dei demnach, daß jeder Mensch, unabhängig von seinen äußeren Lebensumständen, zur radikalen Nachfolge Christi berufen und Heiligung auch »mitten in der Welt« möglich ist. Diese Vorstellung, wenngleich so alt wie das Evangelium, hat in der katholischen Kirche nie eine tragende Bedeutung erhalten. Und auch Balaguer stieß mit seinen Ideen zunächst auf breites Unverständnis; manche meinten gar, er »sei verrückt oder ein Ketzer oder was sonst noch alles«[14].

10 Vgl. *H. Schüngel*, Maria, unsere Hoffnung, Magd des Herrn, in: Mariologisches. Sonderbeilage Nr. 18 zu »Theologisches«, April 1990, M 198.

11 *D. le Tourneau*, 31.

12 Den göttlichen Charakter des Opus Dei betont Balaguer des öfteren. So schreibt er etwa am 19. März 1934: »Jesus hat seit Anbeginn gewollt, daß sein Werk [!] ein universales, katholisches Herz hat.« (Zitiert nach *D. le Tourneau*, 92) Entsprechend betont P. Berglar, das Opus Dei sei »keine weltliche Gründung und auch keine 'kirchliche' Aktivität, sondern eine unmittelbare Stiftung [!] Gottes in seiner und für seine Kirche« (*P. Berglar*, 75).

13 *D. le Tourneau*, 31.

14 *S. Bernal*, Msgr. Josemaría Escrivá de Balaguer. Aufzeichnungen über den Gründer des Opus Dei, Köln 1978, 108 (zitiert nach *P. Hertel*, 105).

Der Priester Balaguer war dabei zunächst der Meinung, diese Berufung Gottes müsse sich ausschließlich auf Männer beschränken - weshalb er noch Anfang Februar 1930 in einem Brief schreibt: »Nie wird es Frauen im Opus Dei geben - nicht einmal im Scherz.«[15] Kurz darauf, am 14. Februar 1930, wurde ihm jedoch während der Messe in einer weiteren göttlichen Eingebung auch die Gründung der weiblichen Sektion aufgetragen. Seither gibt es im Opus Dei zwei getrennte Abteilungen für Männer und Frauen, die beide aber in demselben Geist leben und arbeiten.

Balaguer verbreitete seine Ideen zunächst unter Studenten und Arbeitern in Madrid, bald auch in anderen Städten Spaniens. In den 40er Jahren faßte das Opus Dei in Portugal, England, Italien, Frankreich, Irland, Mexiko und den USA Fuß. 1946 siedelte Balaguer nach Rom über; seither breitet sich das Werk über die ganze Welt aus.[16]

War die Struktur des Werkes bereits Mitte der 40er Jahre weitgehend abgeschlossen, so stellte sich jetzt zunehmend die Frage, auf welchem Weg es im Opus Dei Priester geben könne. Die Antwort darauf fand Balaguer am 14. Februar 1943 - wiederum aufgrund einer göttlichen Eingebung: »Nachdem ich bis dahin erfolglos nach der juristischen Lösung gesucht hatte, schenkte sie mir der Herr in aller Genauigkeit und Klarheit. Am Ende der heiligen Messe in einem Zentrum der weiblichen Abteilung [...] war ich imstande, von der Priesterlichen Gesellschaft vom Heiligen Kreuz zu sprechen.«[17]

Bei dieser »Priesterlichen Gesellschaft vom Heiligen Kreuz« handelt es sich um »eine Vereinigung von Klerikern, die unter den Diözesanpriestern die Suche nach Heiligkeit in der Ausübung ihres priesterlichen Dienstes anregen, fördern und wirksam unterstützen will.«[18] Die Priesterliche Gesellschaft ist untrennbar mit dem Opus Dei verbunden. Ihr gehören neben den im Opus Dei inkardinierten Priestern auch Diakone und Priester

15 *S. Bernal*, 136 (zitiert nach *H. Schüngel*, M 198).

16 Vgl. *A. Byrne*, Den Alltag heiligen. Über das Opus Dei. Sonderdruck, Köln 1985, 3; Wo Menschen arbeiten. Opus Dei kurzgefaßt, hg. v. Informationsbüro des Opus Dei, Köln o. J., o. P.

17 *S. Bernal*, 147 (zitiert nach *P. Hertel*, 110 f.).

18 *D. le Tourneau*, 133.

an, die in einer Diözese inkardiniert sind und die ihren Dienst zwar unter ihrem Bischof, aber im Geist des Opus Dei ausüben möchten.

Nach der Gründung der Priesterlichen Gesellschaft vom Heiligen Kreuz folgte am 11. Oktober 1943 die vorläufige Approbation des Opus Dei durch den Heiligen Stuhl, am 24. Februar 1947 die Erhebung zum Säkularinstitut und schließlich am 16. Juni 1950 die endgültige Anerkennung durch Rom. Balaguer suchte jedoch weiter nach einer eigenen, speziell auf sein Werk zugeschnittenen Rechtsform, wie sie dann 1982 mit der Erhebung zur bis heute einzigen Personalprälatur der katholischen Kirche durch Johannes Paul II. erreicht wurde.

Eine Personalprälatur wird, so das kirchliche Gesetzbuch von 1983 (Can. 294-297), vom Apostolischen Stuhl für besondere pastorale Aufgaben errichtet. Es handelt sich um rein personale, das heißt nicht an territoriale Grenzen gebundene Strukturen. Die Prälatur untersteht direkt dem Apostolischen Stuhl und wird von einem Prälaten als eigenem Ordinarius geleitet. Seine Jurisdiktion erstreckt sich auf die eingegliederten Priester sowie auf die Laien all jenen Bereichen, die sich auf die spezifischen Ziele der Prälatur beziehen. Bevor das Opus Dei in einer Diözese eigene Zentren einrichten kann, bedarf es der Zustimmung des Ortsordinarius. Dessen Visitationsrecht beschränkt sich anschließend freilich auf die Kapelle, den Tabernakel und den Ort der Spendung des Bußsakramentes. Als Rechtsform ist die Prälatur speziell auf Priester und Diakone zugeschnitten; eine Mitwirkung von Laien ist möglich, aber nicht zwingend. Hier stellt sich freilich die Frage, warum das Opus Dei, das doch immer wieder seinen laikalen Charakter betont, in der Rechtsform »Personalprälatur« die »vom Gründer gewünschte kirchenrechtliche Form«[19] sieht.

Balaguer selbst hatte diese Entwicklung zwar in Gang gesetzt, jedoch nicht mehr erlebt: er starb am 26. Juni 1975. Sein Nachfolger wurde Msgr. Alvaro del Portillo, bis dahin engster Mitarbeiter Balaguers und Generalsekretär des Werkes.

Bereits sechs Jahre nach dem Tod Balaguers wurde in Rom

19 Wo Menschen arbeiten. Opus Dei kurzgefaßt, hg. v. Informationsbüro des Opus Dei, Köln o. J., o. P.

der Selig- und Heiligsprechungsprozeß eröffnet. Johannes Paul II. sprach ihm am 9. April 1990 den heroischen Tugendgrad zu. Die am 17. Mai 1992 erfolgte Seligsprechung des Opus-Dei-Gründers stieß innerkirchlich einerseits auf Zustimmung, löste andererseits aber auch weltweit Proteste aus.

Die Mitglieder des Opus Dei unterteilen sich je nach Grad und Art der Zugehörigkeit in verschiedene Gruppen:[20]

- Die *Numerarier*[21] sind zölibatär lebende Laien oder (aus den Laien hervorgegangene) Priester, die sich zu Armut, Keuschheit und Gehorsam verpflichten und in Zentren »wie eine normale christliche Familie« zusammenleben[22]. Es handelt sich um Akademiker (oder solche, die es nach der Zulassung zumindest werden sollen), möglichst mit akademischem Titel; die meisten gehen weltlichen Berufen nach. Ihre Aufgabe innerhalb des Werkes ist die Ausbildung der übrigen Mitglieder und die Leitung der dem Opus Dei nahestehenden Institutionen. Aus ihrem Kreis stammen auch die für Aufgaben der Leitung oder der Ausbildung besonders bestimmten Funktionsträger des Opus Dei.[23]

  Den Numerarierinnen »obliegt darüber hinaus die Hausverwaltung oder Versorgung des Haushalts in allen Zentren der Prälatur, wo sie sich gleichwohl an einem streng abgesonderten Ort aufzuhalten haben.«[24] Eine weitere Besonderheit der weiblichen Sektion: Es können »Auxiliarnumerarierinnen zugelassen werden, die, bei gleichem Verfügbarkeitsgrad wie bei den übrigen Numerariern, ihr Leben vornehmlich den manuellen Arbeiten und häuslichen Pflichten in den Zentren des Opus Dei widmen, die sie gleichsam freiwillig als eigene berufliche Arbeit auf sich nehmen.«[25]

  Der Anteil der Numerarier im Opus Dei beträgt ca. 20 %.[26]

20 Vgl. hierzu: *Statuten*, Art. 6-13; *D. le Tourneau*, 128 ff.; *P. Hertel*, 158 ff.

21 Vom spanischen »miembro numerario« = ordentliches Mitglied.

22 *D. le Tourneau*, 144.

23 Vgl. *Statuten*, Art. 13.

24 *Statuten*, Art. 8 § 2.

25 *Statuten*, Art. 9.

26 Prozentangaben nach *P. Hertel*, 158-160.

- Als *Assoziierte* werden jene zölibatär lebenden Laien und Priester bezeichnet, die nicht in Zentren des Opus Dei wohnen, sondern bei Verwandten oder Freunden. Sie kommen aus allen beruflichen Schichten, haben die gleichen geistlichen Pflichten und Aufgaben wie die Numerarier und »sind gehalten, sich zur Erreichung der Heiligung und zur Durchführung des Apostolats derselben asketischen Mittel zu bedienen«[27]. Ihr Anteil beträgt etwa 25 %.
- *Supernumerarier*[28] sind Laien ohne Zölibatsverpflichtung. Sie nehmen am Leben des Opus Dei gemäß ihrer familiär, beruflich und gesellschaftlich möglichen Verfügbarkeit teil. Männliche Supernumerarier beachten darüber hinaus dieselben Lebensregeln wie Numerarier und Assoziierte. Der Anteil der Supernumerarier innerhalb des Opus Dei dürfte bei gut 50 % liegen.
- *Mitarbeiter* werden jene Personen genannt, die, ohne Mitglied des Opus Dei zu sein, dessen Arbeit unterstützen. Auch Nichtkatholiken und Nichtchristen können Mitarbeiter des Opus Dei werden.

Den Priestern kommt innerhalb der Strukturen des Opus Dei eine besondere Bedeutung zu. Balaguer selbst sieht in jedem Priester einen »zweiten Christus«[29], dem große Verehrung gebührt und dessen Reinheit die Krone der Kirche ist[30]. Nach Angaben des Opus Dei besteht der in der Prälatur eingegliederte Klerus aus etwa 1400 Priestern.[31] Die Zahl der Priester innerhalb des Opus Dei beträgt damit zwar nur 1,8 %, doch sind alle Spitzenämter (Prälat, Generalvikar, Priestersekretär, Regionalvikare) an das Priestertum gebunden. Unterhalb dieser Ebene ist es möglich, Führungspositionen auch mit (zölibatär lebenden) Numerariern zu besetzen, die nicht Priester sind.[32]

27 *Statuten*, Art. 10 § 2.

28 Vom spanischen »miembro supernumerario« = beigezähltes Mitglied.

29 *J. Escrivá de Balaguer*, Der Weg, Köln [11] 1983, Nr. 66.

30 Vgl. ebda., Nr. 68, 71, 74, 526.

31 Vgl. Notizen. Zur Seligsprechung des Opus-Dei-Gründers Josemaría Escrivá, hg. v. Informationsbüro der Prälatur Opus Dei in Deutschland, Köln 1992, 4; ferner: *P. Hertel*, 41; *D. le Tourneau*, 132.

32 Vgl. *P. Hertel*, 162.

Dem Opus Dei gehören nach eigenen Angaben weltweit 75 000 Personen (verheiratete und unverheiratete Laien, Priester, Bischöfe) aus 87 Ländern an[33], mehr als 38 000 Mitglieder sind Frauen[34]. Das Opus Dei hat Niederlassungen in 39 Ländern; am stärksten ist es in Spanien vertreten (ca. 30 000 Mitglieder).[35]

In Deutschland begann die Arbeit des Opus Dei 1952, in der Schweiz 1956 und 1957 in Österreich.[36] Die Mitgliederzahlen betragen: 450 in Österreich, 300 in der Schweiz und mehr als 1000 in der (alten) Bundesrepublik. Die Zentralen liegen in Köln, Wien und Zürich. Jedes Land bildet eine eigenständige Region. Der Prälat des Opus Dei, der seinen Sitz in Rom hat, wird in den jeweiligen Ländern von einem Regionalvikar vertreten. Der Regionalvikar für Deutschland, Prof. Dr. Cesar Ortiz, hat seinen Sitz in Köln.

Geographische Schwerpunkte im deutschsprachigen Raum sind die Stadt Wien sowie die Räume Köln-Bonn-Aachen, München-Starnberg-Augsburg, Zürich-Schaan-Dornbirn. Das Opus Dei hat verschiedentlich die Leitung von Pfarreien übertragen bekommen, so etwa die der Kölner Pfarrei St. Pantaleon. In mehreren Diözesen haben Opus-Dei-Mitglieder ferner führende Positionen in den bischöflichen Ordinariaten bzw. Generalvikariaten inne.

Zentren und Stützpunkte des Opus Dei finden sich in der (alten) Bundesrepublik in: Aachen, Augsburg, Berlin, Bonn, Düsseldorf, Essen, Euskirchen, Frankfurt/Main, Freiburg i. Br., Hamburg, Hannover, Heidelberg, Jülich, Kevelaer, Köln, München, Münster, Osnabrück, Solingen, Starnberg, Stuttgart, Trier.

Daneben gibt es zahlreiche sogenannte »korporative Werke«.[37] Es sind dies Einrichtungen (oft von Opus-Dei-Mitgliedern gegründet), vornehmlich auf dem Erziehungs-, Gesundheits-, Bildungs-, Informations- oder sozialen Sektor, die organisatorisch nicht dem Opus Dei unterstehen, in denen das Werk aber die

33 Vgl. Notizen, a.a.O., 4; KNA, Auslandsdienst, vom 9. April 1992, Nr. 5081.

34 So Marlies Kücking, deutsche Zentralsekretärin des Opus Dei, in: KNA, Auslandsdienst, vom 9. April 1992, Nr. 5081.

35 Vgl. *P. Hertel*, 41.

36 Vgl. zum folgenden: *D. le Tourneau*, 27 f.; *P. Hertel*, 168; Notizen, a.a.O., 4.

37 Vgl. *D. le Tourneau*, 146-149; K. Bucher, Stichworte zum Opus Dei, in: Aufbruch Nr. 14, November 1990, 3.

Verantwortung für die religiöse und spirituelle Ausbildung übernommen hat. Die korporativen Einrichtungen sind somit »Ausstrahlungspunkte für die Spiritualität des Werkes und für die Wahrnehmung christlicher Verantwortung in der Welt«[38]. Derartige Einrichtungen sind im deutschsprachigen Raum etwa: das Studentenheim Schweidt (Köln), das Studentinnenheim in Müngersdorf (Köln), die Kultur- und Bildungszentren Weidenau (München) und Maarhof (Köln), das Fortbildungszentrum für die Frau Buchenau (Wien) oder der Lehrbetrieb für Hotelberufe (Zürich).[39]

Das Opus Dei ist eine Organisation mit erheblichem Einfluß in Kirche und Gesellschaft. Als Einrichtung der katholischen Kirche hat es seine Ziele und seine Frömmigkeitspraxis offenzulegen. Diese Offenheit ist in der Vergangenheit immer wieder durch eine nach den Reformen des Zweiten Vatikanischen Konzils nur schwer verständliche Geheimhaltungspolitik des Opus Dei verhindert worden. In letzter Zeit sind jedoch teilweise Änderungen dieser Haltung festzustellen. In diesem Sinn soll auch dieser Band einen Beitrag zu einer konstruktiven Auseinandersetzung über und mit der katholischen Personalprälatur Opus Dei beitragen. Der Leser möge sich aufgrund der Beiträge selber sein Urteil darüber bilden, ob mit dem Opus Dei »eine neue Seite im Buch der Kirchengeschichte« aufgeschlagen[40] oder ob lediglich verhindert wird, daß eine alte Seite endlich zugeschlagen werden kann.

Ich möchte an dieser Stelle allen Referenten danken, daß sie das Anliegen dieses Buches unterstützen und ihre auf der Freiburger Tagung gehaltenen Vorträge zur Verfügung gestellt haben.

Freiburg i. Br., im Mai 1992
Harald Schützeichel

38 *D. le Tourneau*, 149.
39 Angaben nach *D. le Tourneau*, 28.
40 *P. Berglar*, 14.

Hans Stephan Puhl

Zu Selbstverständnis und Geschichte des Opus Dei

Meine ersten Kontakte zum Opus Dei gehen zurück bis zur Mitte der fünfziger Jahre in Godesberg, als meine Eltern anfingen, Mitglieder des Opus Dei einzuladen. Ich beschwerte mich, weil immer »diese Leute« kamen, und wurde dann zurechtgewiesen, das seien nicht »Leute«, sondern »Herren« oder »Damen«, was meiner inneren Nähe zum Opus Dei nicht sonderlich förderlich war. Ich bin dann im Studienjahr 1962/63 nach Madrid gegangen, nicht mit der Absicht, mich mit dem Opus Dei zu beschäftigen oder gar ernsthaft zu studieren; ich hatte anderes im Sinn. Aber ich kam in ein Studentenheim des Opus Dei. Ich war mit zwei Vorurteilen belastet: 1. war ich sehr selbstgewiß über meine aufgeklärte Mentalität als Mitteleuropäer, der den Spaniern in ihrem traditionellen Kirchen- und Glaubensverständnis offensichtlich doch einiges zu bieten hätte. Im übrigen hörte ich sehr wilde Gerüchte über das Opus Dei. 2. Ich war unvorsichtig genug, überall in Madrid zu erzählen, wo ich wohnte, und so wurden mir die schauerlichsten und widersprüchlichsten Sachen erzählt. Es gab dann einen sehr interessanten kontroversen Annäherungsprozeß, der darin mündete, daß ich Anfang 1963 um die Aufnahme ins Opus Dei bat. Das Vorspiel dauerte also drei Monate. Seitdem bin ich als Querdenker unbequem geblieben, verdanke aber dem Opus Dei sehr viel und denke, daß ich auch anderen im Opus Dei einiges geben konnte, was nicht immer einfach war.

Ich habe meine Ausführungen gegliedert in vier Bereiche:

1. Ich möchte einige Vorbemerkungen machen zur Standortbestimmung; zur Bestimmung meines Standortes und auch der des Opus Dei in der Kirche.
2. Ich möchte etwas sagen über das Opus Dei als Personalprälatur.

3. Dann will ich drei Aspekte zum Wesen und zum Selbstverständnis des Opus Dei vortragen.
4. Schließlich werde ich summarisch etwas zur Geschichte des Werkes aufzeigen.

I.

Jede Generation von Christen hat die Aufgabe, den Herausforderungen ihrer Zeit mit angemessenen Antworten zu begegnen. Wir sind heute in einer besonderen Weise angesichts epochaler und globaler Umwälzungen und Umbrüche gefordert, im Geist und mit dem Impuls des letzten Konzils erneut zu lernen und zu leben, was furchtlose und weltoffene Katholizität bedeutet. Vielfalt in Einheit ist für unsere Zeit anders zu übersetzen, als frühere Generationen von Katholiken dies taten. Wir müssen unter uns Christen lernen, Pluralismus auch und gerade in der Kirche als Wert aus Überzeugung zu bejahen und nicht schweren Herzens nur zu ertragen, weil sich doch leider nichts an der Meinungsvielfalt ändern lasse.

Das muß meines Erachtens auch mit sich bringen, daß wir Liebgewordenes hinter uns lassen, daß wir Formen des Katholizismus, die beispielsweise in Deutschland im letzten Jahrhundert entstanden und möglicherweise noch ihre Gültigkeit bis nach dem letzten Weltkrieg hatten, überdenken, weil sie möglicherweise nur noch partiell Antwort auf die Herausforderungen des Heute geben oder gar den Weg in die Zukunft weisen. Bastionen kirchlicher Institutionen sind nicht ein Refugium, von dem aus wir dem begegnen können, was heute auf uns einstürmt: Verbandskatholizismus und Engagement in Gremien oder als Hauptamtliche haben ihre Berechtigung, sind aber sicher nicht der einzig gültige Ort für Katholiken, an dem sie sich zu bewähren haben. Der Sitz im Leben ist für den normalen Christen die Familie, der Arbeitsbereich, der gesellschaftliche Platz, von dem aus er wirkt. Ich habe manchmal den Eindruck, daß wir gerade in Mitteleuropa, anstatt diesen Herausforderungen gerecht zu werden, geneigt sind, uns zänkisch in Fragen zu unserer Identität zu verstricken, und dabei verpassen, die wirklichen Herausforderungen aufzugreifen.

Wir sind in der nachchristlichen Moderne. Andere sprechen lieber von der Postmoderne. Der Glaube verdunstet, Religiosität bricht sich heute leicht außerhalb oder am Rande der Kirche eine Bahn. Manche Theologen sprechen davon, daß das katholische Milieu sich auflöst. Dieser Entwicklung kann man furchtsam begegnen, sich ans Alte klammern. Ich für meinen Teil finde diesen Übergang, in dem wir uns befinden, spannend wie einen Krimi und meine, wir sollten auf dieses Abenteuer zugehen und uns ihm stellen. Ich räume freilich ein, meine gespannte Erwartung, was dieser Umbruch noch für Überraschungen birgt, wäre etwas ungetrübter, wenn nicht manchmal zu beobachten wäre, daß wir auf das Neue und Unbekannte furchtsam, aufgeregt, gereizt, ungeduldig oder lieblos reagieren. Ich würde mir wünschen, daß diese Vokabeln mehr und mehr unberechtigt werden im Umgang miteinander. So halte ich es beispielsweise für nicht förderlich, wenn man es sich zu leicht macht und polarisierende Gegensätze - hier Traditionalisten, dort Progressisten - etabliert und die jeweils anderen wechselseitig mit diesen Etiketten versieht. Die Wende kommt, sie ist im Vollzug, und wir werden mit ihr fertig werden können. Diese Wende kann aber nicht bedeuten, daß wir vor die vorkonstantinische Wende zurückfallen. Restauration in dem Sinne, daß man sich allein am Gestrigen orientiert, ist keine Antwort, weil sie keine Zukunftsperspektive hat. Damit will ich meine Ausführungen zur Standortbestimmung beenden und komme zum Opus Dei. Sie werden sich vielleicht fragen, was hat das alles mit dem Opus Dei zu tun; ich glaube, sehr viel.

II.

Das Opus Dei ist in der Kirche ein völlig neues pastorales und ekklesiologisches Phänomen. Es ist formal vom Apostolischen Stuhl als Personalprälatur errichtet worden und gehört daher logischerweise in seiner konstitutionellen Ordnung zur hierarchisch verfaßten Kirche. Es verdankt sich also der höchsten Autorität der Weltkirche oder Gesamtkirche. In der operationellen Ordnung tritt das Opus Dei in den Teilkirchen oder Ortskirchen auf, und zwar hauptsächlich nicht als hierarchisch verfaßte Größe, sondern in der Unmittelbarkeit seiner Mitglieder. Das Opus Dei selbst wirkt mehr nach innen, indem es Impulse gibt für die Mitglieder, die sich der Prälatur angeschlossen haben. Die Mitglieder des Opus Dei agieren normalerweise nicht namens und im Auftrage der Kirche oder des Opus Dei, sondern als eigenverantwortliche und freie Gläubige, die zum kleinen Teil auch Priester sind. Damit steht das Opus Dei in einem doppelten Spannungsfeld: Zwischen Weltkirche und Ortskirche einerseits und zwischen hierarchischer Verfassung der Kirche und säkularem Tun (einem Teilaspekt des Themas »Kirche und Welt«, das ja vom letzten Konzil in besonderer Weise behandelt und hervorgehoben wurde) andererseits. Beide Spannungsfelder gehören zum Bereich der Ekklesiologie, in welchem vom II. Vatikanischen Konzil wichtige Impulse gesetzt worden sind; und in der Ekklesiologie ist es, wo sich seit dem letzten Konzil innerhalb der Kirche wichtige und grundlegende Fragen entzünden und zu Meinungsverschiedenheiten führen, die manchmal bis zur Unversöhnlichkeit und Unvereinbarkeit ausgetragen zu werden scheinen. Es ist also verständlich, daß das Opus Dei, weil es ein völlig neues pastorales und ekklesiologisches Phänomen ist und in der oben genannten zweifachen Weise in dem heute in Gärung befindlichen Komplex der Ekklesiologie in Erscheinung tritt, in den letzten fünfundzwanzig Jahren oft im Zusammenhang mit Fragen des Kirchenverständnisses genannt wird. Dieses Konfliktfeld ist zuweilen äußerst brisant, das Opus Dei wird aber nur exemplarisch in diese Auseinandersetzungen verwickelt. Dies sollte nicht übersehen werden, auch wenn sich manchmal die Argumente vordergründig nur um das Opus Dei drehen. Die wichtige Lektion des II. Vatikanischen Konzils, nämlich die Lektion der Ekklesiologie, haben wir in der Kirche meines Erachtens noch generell zu lernen, selbst wenn sich die damit zusammenhängenden Fragen aktuell oft an einer Einrichtung wie dem Opus Dei entzünden.

Das Opus Dei ist ins Gerede gekommen. Es wird ins Gerede gebracht, und deshalb ist es im Gerede. Dem können wir uns gar nicht entziehen. Auch in diesem Band ist einiges davon zu lesen - von einem »mächtigen Kampfverband«, von »autoritär konspirativer Ideologie«, davon, daß im Opus Dei von oben nach unten ein »vorgestriges Kirchenbild« in Szene gesetzt wird, vom »kollektiven Einfluß«, »Geheimbündelei«, »Zensur«, »Index«, »blindem Gehorsam« etc. Ich möchte Sie enttäuschen, wenn Sie jetzt von mir erwarten, daß ich mich auf diese Vorwürfe und angebliche Gegenargumente einlasse. Ich halte es für redlicher, wenn ich hier das Opus Dei von innen vorstelle, so wie ich es in annähernd 30 Jahren kennengelernt habe, wie es sich mir dargestellt hat und wie ich es erlebe.

Vorab noch zwei Dinge zur Erklärung: Ich werde manchmal gefragt, muß das Opus Dei denn existieren? Meine Antwort hierauf ist: Nein. Das Opus Dei ist in seinem Selbstverständnis nicht heilsnotwendig. Wir haben auch nie behauptet, es sei die letzte Rettung für die Kirche, gar der »heilige Rest«. Die Häresie »Extra Opus Dei nulla salus« ist noch nicht erfunden worden, wenigstens nicht vom Opus Dei selbst. Man sollte uns solche Vermessenheit auch nicht leichtfertig andichten.

Zweite Vorbemerkung: Das Opus Dei ist nicht gegründet worden, um Lösungen für die Probleme einer bestimmten gesellschaftspolitischen oder kirchenhistorischen Situation in Angriff zu nehmen. Das Opus Dei ist seit seiner Gründung im Jahre 1928 für gewöhnliche Christen mitten in der Welt ein Weg der Heiligung in der beruflichen Arbeit und in der Erfüllung der gewöhnlichen Pflichten des christlichen Alltags. An diesem Gründungszweck hat sich nichts durch seine Rechtsform als Personalprälatur geändert, die es 1983 erhielt.

Das Opus Dei ist nicht da, weil es als Stoßtrupp die Position dieses jetzigen Papstes stärken will. Es ist umgekehrt, wie ich eben schon sagte, ein Ausfluß der päpstlichen Jurisdiktion, und zwar aufgrund der Rechtsfigur »Personalprälatur«, die vom letzten Vatikanischen Konzil erst geschaffen wurde.

III.

Das Opus Dei ist einer von vielen Wegen innerhalb der katholischen Kirche, und wir sollten dankbar sein, daß es so viele Möglichkeiten innerhalb der Kirche gibt, so daß der freien Wahl Raum gegeben ist. Es ist ein Weg für eine freigewählte christliche Ganzhingabe im Arbeitsleben und in der Familie, für ein Leben im Dienst an Gott und den Mitmenschen.

Der Antwort auf die Frage nach dem Wesen und dem Selbstverständnis des Opus Dei will ich mich über drei Teilaspekte nähern:
1. Die Säkularität
2. Die Laikalität
3. Opus Dei als »Operatio Dei«

1. Das Opus Dei als Personalprälatur hat säkularen Charakter

Die Gläubigen der Prälatur genießen nach wie vor eine säkulare Verfaßtheit. Wer sich dem Opus Dei anschließt, verändert dadurch weder zivilrechtlich noch kirchenrechtlich seinen Personenstand, er bleibt, was er ist. Als Aachener bin ich Aachener Bürger, muß mich an die Gemeindeordnung halten. Was die Kirche angeht, so ist mein Bischof Klaus Hemmerle, und im übrigen habe ich zusätzliche Bindungen, die ich durch vertragliche Verpflichtung mit dem Opus Dei eingegangen bin, die nur mit der speziellen Zielsetzung des Opus Dei zu tun haben. Wir erleiden also keine Diskriminierung, und wir nehmen keine Privilegien für uns in Anspruch, beides wäre mit unserem Selbstverständnis nicht vereinbar. Das Opus Dei verfolgt ausschließlich religiöse und apostolische Ziele auf ausschließlich säkulare Art. »Die Leiter des Werkes dürfen niemals den anderen Mitgliedern politische oder berufliche Richtlinien geben. Sollte dennoch einmal ein Mitglied des Werkes so etwas versuchen oder sich anderer Mitglieder für rein menschliche Ziele bedienen wollen, so würde dieses Mitglied sofort ausgeschlossen, weil sich die anderen mit Recht dagegen wehren würden«, sagte Escrivá in einem Interview mit der New York Times am 7. 10. 1967. Apostolat und

Säkularität sind die beiden unverrückbaren Pole. In dem Spannungsbogen zwischen den beiden erschließt sich ein korrektes Verständnis des Werkes. Wer das Ziel des Opus Dei vom Apostolat lösen oder die Säkularität der Art und Weise des Apostolates seiner Mitglieder klerikalisieren oder in Vorstellungen monastischer Traditionen pressen will, versperrt sich zwangsläufig den Zugang zum Verständnis des Opus Dei.

Das Opus Dei als solches ist hauptsächlich nach innen tätig. Es gibt den Gläubigen, die sich ihm angeschlossen haben, die katholische Glaubenslehre weiter, es leitet uns an für das Spezifische in unserem Apostolat und in unserer Spiritualität. Es bildet die Gläubigen der Prälatur aus und begleitet sie auf ihrem Weg des Apostolates und der Nachfolge Christi in dieser Welt. Die Gläubigen ihrerseits werden nach außen tätig, jeder in seiner persönlichen Verantwortung und Freiheit, nie als entsandte oder beauftragte Agenten, die mit einem besonderen Mandat im Rücken irgendwo tätig würden. Was Gläubige der Personalprälatur Opus Dei unternehmen, ist immer eine bürgerliche und säkulare Angelegenheit. Das gilt selbst für die wenigen und ausgesuchten Fälle, in denen das Opus Dei für bestimmte apostolische Unternehmungen die moralische Garantie für deren religiöse Orientierung übernimmt, wie dies bei den korporativen Werken der Fall ist. Wir sind nicht die »longa manus« von irgendwelchen Strukturen oder Autoritäten im Hintergrund. »Man muß mit dem Vorurteil aufräumen, die gewöhnlichen Gläubigen könnten nichts anderes tun, als dem Klerus in kirchlichen Apostolatswerken zu helfen. Es gibt keinen Grund, warum sich das Apostolat der Laien auf eine bloße Teilnahme am hierarchischen Apostolat beschränken sollte, denn ihnen selbst kommt die ureigene Pflicht zu, apostolisch wirksam zu sein; und zwar nicht, weil sie etwa eine *missio canonica* erhalten haben, sondern ganz einfach, weil sie Teil der Kirche sind«, erklärte der Gründer des Werkes sehr unmißverständlich in einem anderen Interview mit der spanischen Zeitschrift Palabra im Oktober 1967. Wir verstehen uns nie als Vertreter oder als verlängerter Arm einer kirchlichen Institution oder der Kirche.

Das Opus Dei ist aufgrund der *lex particularis*, seinen Satzungen, selbstverständlich befugt, Vermögen zu erwerben, zu verwalten oder darüber zu verfügen. Dies ist auch gar nicht vermeidbar, will es den Verpflichtungen beispielsweise gegenüber den bei ihm inkardinierten Priestern gerecht werden. Unser Gründer hat aber gewollt, daß es in der Regel kein Eigentum an den Vermögenswerten erwirbt, die für apostolische Zwecke unumgänglich sind. Diese Regelung ist sinnvoll, weil auch so zum Ausdruck gebracht wird, daß das Opus Dei sich ausschließlich seinen geistlichen Aufgaben widmet, die das Wesentliche für seine Daseinsberechtigung sind. Alles andere an Organisatorischem und Rechtlichem wird in zivilrechtlicher Trägerschaft geregelt. Wenn also von Häusern die Rede ist, in denen die Bildungsarbeit der Mitglieder des Werkes durchgeführt wird, dann muß folglich das Eigentum an solchen Zentren in anderer privater Hand liegen. Diese Rechtsträger sind es, die dann zuweilen als »Tarnorganisationen« verdächtigt werden. Dabei sind diese Formen der Zuständigkeit für den materiellen Rahmen notwendig, da das Opus Dei selbst kein Vermögen haben will.

Nichts von alledem, was in der Kirche Ordensleute oder Gläubige auf einem von diesen abgeleiteten Weg an rechtlichen Sonderregelungen genießen, ist für irgendjemanden im Opus Dei anwendbar; im Gegenteil, wir sind alle im Opus Dei mit dem ausdrücklichen Selbstverständnis, daß wir nichts anderes sein wollen als das, was wir auch vorher in der Kirche waren. Darin drückt sich keine mindere Einschätzung des Ordensstandes aus, wir sind nun einmal etwas anderes und wünschen uns, daß dies respektiert wird, so wie wir selbstverständlich andere in ihrer Eigenart respektieren.

2. Zur Laikalität

Die Laikalität ist mit der Säkularität eng verbunden. Die Gläubigen der Prälatur Opus Dei sind tief von der Überzeugung durchdrungen, unverdient das Geschenk der göttlichen Berufung zu diesem Weg in der katholischen Kirche empfangen zu haben, nicht, weil wir besondere Prachtexemplare wären, sondern weil wir wissen, daß Gott sich jedem Menschen in irgendeiner Weise nähert und jedem ein Angebot macht, das ihn höchstpersönlich trifft. Wir leben keine fortentwickelte Weise der Weltflucht (»fuga mundi« oder »contemptus mundi«); wir leben keinen »Stand der Vollkommenheit« und lehnen für uns auch den Begriff des geweihten Lebens ab. In einem Interview, das in Time (New York) am 15. 4. 1967 erschien, sagte Escrivá auf die Frage, ob man das Opus Dei mit Orden oder katholischen Vereinigungen vergleichen könne, solche Vergleiche führten sehr leicht in die Irre, fügte aber hinzu: »Will man sich schon auf Vergleiche stützen, so ist das Opus Dei am ehesten zu verstehen, wenn man sich das Leben der ersten Christen vergegenwärtigt. Sie lebten ihre christliche Berufung voll und ganz; sie suchten ernsthaft jene Vollkommenheit, zu der sie durch die einfache und erhabene Tatsache der Taufe gerufen waren. Äußerlich unterschieden sie sich nicht von anderen Leuten. Die Mitglieder des Opus Dei sind gewöhnliche Menschen, die eine gewöhnliche Arbeit leisten und in der Welt leben als das, was sie sind: als christliche Staatsbürger, die den Forderungen ihres Glaubens voll entsprechen wollen.« Wir sind kein besonderer kanonischer Stand, wir sind so gesehen normale Leute, »Menschen wie Du und ich«. Wir sind und wollen nichts anderes sein als das, was wir waren, bevor wir uns dem Opus Dei angeschlossen haben, und der Großteil sind eben Laien. Unsere Nachfolge Christi und unsere Art des Apostolates stützen sich nicht auf eine kirchliche Missio oder auf ein kirchliches Amt. Dadurch, daß sich ein Gläubiger dem Opus Dei anschließt, wird er kein »Hauptamtlicher« oder etwas ähnliches. Wir bemühen uns wohl, in unserem Alltag und vor allem in unserem Beruf die apostolische Dimension allen menschlichen Tuns aufleuchten zu lassen, wir sind aber nicht Berufsapostel oder Missionare.

Die sakramentale Gnade aus Taufe und Firmung genügt uns als Legitimation und Fundament für ein Leben der Nachfolge Christi. Die Berufung hebt das nicht auf, sondern ist ein Weg der Konkretisierung: besonders im Familien- und Arbeitsleben.

Wenn wir dies so sehen, heißt das nicht, daß wir der Missio eines Laien oder besonderen Aufträgen oder der hauptamtlichen Tätigkeit verschiedener Laien in der Kirche kritisch gegenüberstünden, nur für uns selbst nehmen wir das als Mitglieder des Opus Dei nicht in Anspruch.

3. Das Opus Dei als »Operatio Dei«

Jeder im Werk sieht in der gewöhnlichen beruflichen Arbeit den Weg der Nachfolge Christi. »Wir lieben die Arbeit, denn Christus hat sie als Lebensform erwählt, bejaht und geheiligt«, lautet ein Wort unseres Gründers aus den sechziger Jahren. Jeder lebt von seiner Hände Arbeit, nicht von einem eventuell auch vorhandenen Kapitalertrag. Wenn sich einmal ein Millionär zum Opus Dei verlaufen sollte, wird er arbeiten müssen. Er wird nicht von fremder Leute Arbeit und dem eigenen Kapitalertrag leben können. Jede ehrenwerte Arbeit ist für diese Art der Heiligung in der Welt geeignet. Sozial und dementsprechend monetär eingeführte Unterscheidungen in niedrigere und höhere Arbeiten haben im Opus Dei keinerlei Geltung. Es kommt also nicht auf das an, was für jemanden die gewöhnliche Arbeit ist, sondern wie er sich innerlich zu ihr stellt, was er geistlich daraus macht. Die Arbeit ernst nehmen als den Ort, an welchem jeder Christ in der Welt Mitschöpfung und Miterlösung zu praktizieren berufen ist, um in ihr und durch sie Gott und den Menschen wirklich zu dienen, bedeutet nicht, die Arbeit zu vergötzen oder sich durch sie beherrschen zu lassen, wohl aber den Auftrag, sie zu beherrschen. Die Autonomie und Eigengesetzlichkeit aller menschlichen Tätigkeitsbereiche müssen dabei gewahrt bleiben, soll ihre Durchdringung mit christlichem Geist nicht zu einer traurigen Karikatur oder zu einer höhnischen Blasphemie degenerieren. Auch im Neuen Bund sind Kainsopfer Gott nicht wohlgefällig.

Jeder bemüht sich im Rahmen seiner beschränkten Möglichkeiten, seine berufliche Arbeit so gut wie möglich zu verrichten. Lieblos und lustlos hingepfuschte Arbeit Gott anzubieten, verbietet sich für uns im Rahmen unserer Möglichkeiten. Daß jeder auch einmal pfuscht, um über die Runden zu kommen, ist, glaube ich, auch mit eingeschlossen. Professionalität ist im Opus Dei also nicht kalte Effizienz, sondern eine Einstellung mit humaner und zugleich religiöser Dimension. Sie ist so wichtig wie die gute Absicht. Die gute Absicht allein kann aber oft verheerend wirken. Wenn man in seiner Zunft oder in seiner Kunst oder in seiner Wissenschaft nicht ordentlich nach Kräften vorbereitet ist, wäre es anmaßend, diesen Mangel durch Gottes Gnade ersetzt sehen zu wollen.

Ich habe eben betont, und Sie können es überall nachlesen, daß das Opus Dei ausschließlich übernatürliche, apostolische, religiöse Ziele verfolgt. Daraus wird uns oft ein Strick gedreht, als seien wir dualistisch. Ich denke, daß man nicht deswegen schon dualistisch ist oder manichäisch, weil man unterscheidet. Wenn wir Tag und Nacht, Männlich und Weiblich, Oben und Unten unterscheiden, sind wir noch keine Dualisten. Dualismus käme meines Erachtens erst dann in Betracht, wenn man trennt, als hätte das eine mit dem anderen gar nichts zu tun. Die Aufgabe eines jeden wird es sein, und ich nehme an, dies gilt nicht nur für die Christen im Opus Dei, ein Leben aus einem Guß zu führen. Wie der Gründer des Opus Dei während einer Ansprache auf dem Campus der Universität von Navarra am 8. 10. 1967 sagte, wollte er »vor der so häufigen Versuchung bewahren, eine Art Doppelleben zu führen: auf der einen Seite das Innenleben, der Umgang mit Gott, und auf der anderen Seite, säuberlich getrennt davon, das familiäre, berufliche und soziale Leben, ein Leben voll irdischer Kleinigkeiten. Nein! Es darf kein Doppelleben geben. Wenn wir Christen sein wollen, können wir diese Art von Bewußtseinsspaltung nicht mitmachen; denn es gibt nur ein einziges Leben, welches aus Fleisch und Geist besteht, und dieses einzige Leben muß an Leib und Seele geheiligt und von Gott erfüllt werden.« Escrivá betonte immer wieder, gut getane Arbeit sei menschliche und religiöse Pflicht; was aber gut getane Arbeit sei, leite sich aus den jeweiligen Sachstrukturen ab und werde von der Intention dessen, der die Arbeit verrichte, bestimmt. Es gibt keinen, der sagen kann, jetzt habe ich dieses Ziel erreicht. Die nächste Bananenschale, auf der man ausrutscht, ist immer gleich da, so wie es dem armen Mönchlein in der Parabel erging, das da sagte, jetzt bin ich in der Demut unschlagbar. In dem Augenblick, in dem er es sagt, liegt er schon auf der Nase. Die Aufgabe, der sich ein Mitglied im Opus Dei vor allem stellt, sind die Lebensbereiche, in die sie oder er ohnehin verwoben ist, in denen jemand steht, in denen er unmittelbar Verantwortung trägt, aufeinander harmonisch abzustimmen, so daß daraus ein in sich geschlossenes, authentisches Zeugnis für Christus entstehen kann. Dies kann nur jeder tun als freier und eigenverantwortlicher Träger seiner Handlungen, nicht als Vollzugsorgan für irgendeine Autorität.

Im Opus Dei gibt es keine abgestuften Klassen oder Ränge unter den Mitgliedern, wie immer wieder fälschlich behauptet wird. Es gibt verschiedene Ausformungen der Berufung, die für alle eine und dieselbe ist; diese Verschiedenheit ist im wesentlichen bedingt durch die Art der Verfügbarkeit des einzelnen. Diese Verfügbarkeit hängt von den jeweiligen Lebensumständen ab und ist anders bei einem Verheirateten als bei jemandem, der die apostolische Ehelosigkeit lebt und deshalb naturgemäß eher für Bildungsaufgaben und Aufgaben der geistlichen Leitung zur Verfügung steht oder sich auch neben seinem Beruf zeitlich und mit seiner Arbeitskraft intensiver den Belangen der Prälatur widmen kann. Was die Intensität der Bindung an das Werk, das Maß der Ganzhingabe an Gott und die Qualität der Anforderungen in Spiritualität, Frömmigkeitsleben und Apostolat angeht, so gibt es keinerlei Unterschiede bei den Mitgliedern des Opus Dei. Alle sind in gleicher Weise in der ihnen je eigenen Lebenslage von Gott berufen und im Opus Dei ernst genommen.

Frauen und Männer im Opus Dei sind in allen beruflichen, sozialen, politischen, etc. Bereichen selbständig und finden in der Person des Prälaten der Personalprälatur in Rom ihre Einheit. Soweit dies nach dem allgemeinen Kirchenrecht möglich ist, sind Frauen und Männer im Opus Dei völlig gleichgestellt. Sie planen und leiten ihre Tätigkeiten ohne die geringste Einmischung seitens der anderen. Auch Priester, die in der Prälatur inkardiniert sind, genießen keine Sonderbehandlung. Hier gilt freilich, daß ihnen in Übereinstimmung mit den allgemeinen Normen des Kirchenrechtes bestimmte Aufgaben vorbehalten werden müssen. Dies hat aber nichts mit dem Spezifikum des Opus Dei zu tun. Die Laien sind im Opus Dei nicht Hilfskräfte für die Priester, sondern gehen selbständig und eigenverantwortlich ihren genuinen Aufgaben nach, wobei sie sich, wo dies nötig ist, von den Priestern der Prälatur beraten, unterstützen und sakramental begleiten lassen. Im Opus Dei arbeiten Laien nicht am Apostolat des Klerus der Personalprälatur mit, sozusagen als Teilhabe am hierarchischen Apostolat, sondern Priester und Laien arbeiten als Christen für das gemeinsame pastorale Ziel.

Der Generalvikar einer deutschen Diözese, dem der damalige Consiliarius in Deutschland (Consiliarius ist der Priester, der nach der heutigen Terminologie als Regionalvikar dem Opus Dei in einem Land vorsteht) das Werk und sein Selbstverständnis bei einem ersten Besuch Ende der sechziger Jahre erklärt hatte, begriff diesen Aspekt sehr gut, als er meinte, dann sei also vom Werk weniger als *actio catholica* zu reden als vielmehr als *actio catholicorum*.

Neben den Mitgliedern gibt es auch Mitarbeiter im Opus Dei, zu denen auch Nichtkatholiken und Nichtchristen gehören können. Diese fördern die Apostolate der Prälatur durch ihr Gebet und, soweit dies in ihren Kräften steht, durch ihre Arbeit und ihre materielle Unterstützung.

IV.

Die Geschichte des Opus Dei war in der Zeit von 1928 bis 1983 wesentlich davon geprägt, daß sein juristischer Werdegang sehr kompliziert war.[1] Dies hängt damit zusammen, daß es zur Zeit seiner Gründung im damals geltenden kirchlichen Gesetzbuch (dem CIC von 1917) keine rechtliche Möglichkeit gab, dem Opus Dei, so wie es seinem Gründungscharisma und seinem

1 Zur Geschichte des Werkes, soweit sie die Ausbreitung seiner Apostolate, sein Wachsen und die Art der apostolischen Unternehmungen seiner Mitglieder betrifft, sei an dieser Stelle verwiesen auf eine Auswahl der in Deutsch erschienenen Literatur:
- P. Berglar, Opus Dei, Salzburg, ² 1984.
- S. Bernal, Msgr. Josemaría Escrivá de Balaguer - Aufzeichnungen über den Gründer des Opus Dei, Köln 1978.
- D. M. Helming, Fußspuren im Schnee, St. Ottilien 1991.
- D. le Tourneau, Das Opus Dei, Stein am Rhein, ² 1988.

Selbstverständnis entsprochen hätte, eine geeignete Rechtsform zu geben. Die entsprechenden Rechtsfiguren fehlten. Das damalige Kirchenrecht kannte ausschließlich das Territorialprinzip als Gliederungsstruktur für die kirchliche Hierarchie, nämlich die Diözesen, Vikariate, Territorialprälaturen, etc. Im »kirchlichen Vereinsrecht« kannte man nur Orden, Kongregationen etc. als die Rechtsform, die jenen zur Verfügung stand, die eine Ganzhingabe an Christus in einem besonderen und von der Kirche gutgeheißenen Weg suchten. Wer sich zu diesem Weg entschließen wollte, wählte also automatisch den Ordensstand oder einen diesem Stand nachgebildeten Status. Etwas anderes gab es nach der damals gültigen Rechtssystematik des CIC nicht.

Im Opus Dei nun hatten sich Menschen in den ersten Jahren um den Gründer geschart, die beileibe nicht Ordensleute sein oder werden wollten. Solange die Gruppe klein und überschaubar blieb, war es noch erträglich, daß das Werk keine kirchliche Rechtsform fand, unter der es anerkannt werden konnte. Es genügte das Wohlwollen des Bischofs von Madrid. Als Mitte 1936 der spanische Bürgerkrieg ausbrach, wurde ein knappes Dutzend Mitglieder auseinandergerissen. Sie mußten zum Teil sogar auf beiden Seiten der Front dienen. Nach dem Krieg breitete sich das Werk in anderen spanischen Diözesen aus, und es wurde nötig, eine Rechtsform zu finden, die - wenn sie schon nicht ganz dem Charakter des Werkes entsprach - wenigstens ein Mindestmaß an kirchlicher Anerkennung und Sicherheit gewährleisten konnte. So wurde das Opus Dei am 19. 3. 1941 als *Pia Unio* (»Fromme Vereinigung«) vom Bischof in Madrid anerkannt. Damals zählte das Werk weniger als fünfzig Mitglieder. Diese erste Rechtsform des Opus Dei entsprach in keiner Weise dem Wesen dieser Einrichtung, aber sie machte es möglich, daß das Werk kirchenrechtlich überhaupt existent wurde. Mit der weiteren Ausbreitung des Werkes, zunächst in Spanien und nach dem Zweiten Weltkrieg auch im Ausland, wurde es unumgänglich, Mitglieder auch zu Priestern weihen zu lassen. Dies war auf den Titel einer *Pia Unio* nicht möglich. Auf Betreiben des Gründers wurde zur Lösung dieses Problems am 8. 12. 1943 vom Bischof von Madrid die »Priesterliche Gesellschaft vom heiligen Kreuz« errichtet. Sie war juristisch und *de facto* untrennbar mit dem Opus Dei verbunden und ermöglichte es, Priester zu inkardinieren.

Am 2. 2. 1947 schuf Pius XII. die Rechtsform des Säkularinstitutes. Diese Rechtsform lehnte sich zwar an Vorstellungen der Orden und ihrer Tradition an, kam aber der Stellung der Laien am nächsten.

Trotz gewisser Hemmungen ließ der Gründer sich darauf ein, das Opus Dei als Säkularinstitut anerkennen zu lassen, weil es damals die einzige denkbare Formel war, das Werk nach päpstlichem Recht weltweit kirchenrechtlich anerkennen zu lassen. Die Anerkennung des Opus Dei als Säkularinstitut durch den Hl. Stuhl erfolgte am 24. 2. 1947. Mit dieser Anerkennung päpstlichen Rechts erlangte das Werk die Voraussetzung für eine weltweit einheitliche Leitungsstruktur. Ferner gewährleistete diese Rechtsform auch eine angemessene Antwort auf den dringenden Wunsch des Gründers und die nicht weniger dringende pastorale Notwendigkeit, Mitglieder des Opus Dei zu Priestern zu weihen und auch selbst zu inkardinieren. Es war aus der Sicht des Werkes ebenfalls eine vorläufige Rechtsform, auf die der Gründer sich einließ, ohne sein eigentliches Ziel aufzugeben. Dieses Ziel mußte darin bestehen, eine juristische Lösung zu finden, die völlig zweifelsfrei die Mitglieder als nichts anderes als normale Gläubige - Laien und einige Weltpriester - gelten ließ und gleichzeitig gestattete, daß das Werk seinen eigenen Klerus haben konnte.

Erst das II. Vatikanische Konzil ebnete den Weg zur endgültigen rechtlichen Lösung für das Opus Dei, als es im Dekret *Presbyterorum Ordinis*, das am 7. 12. 1965 promulgiert wurde, im Abschnitt 10 die Rechtsfigur der Personalprälatur schuf. Der Gründer selbst, der 1975 starb, erlebte diese Lösung nicht mehr. 1983 wurde der neue CIC promulgiert, kurz darauf konnte die bereits 1982 vom Papst erklärte Errichtung des Opus Dei als Personalprälatur auch in Kraft gesetzt werden.

Personalprälaturen behandelt der CIC von 1983 in einem besonderen Abschnitt unter den Canones 294-297. Es handelt sich bei ihnen um rein personale - das heißt in der Regel nicht von territorialen Grenzen umschriebene - und weltliche Jurisdiktionsstrukturen. Sie werden vom Hl. Stuhl für besondere pastorale Aufgaben in einer bestimmten Gegend, Nation oder auch weltweit errichtet. Um ihren besonderen pastoralen Initiativen nachkommen zu können, haben diese Prälaturen immer einen Prälaten sowie Weltpriester, die in den Seminaren dieser Prälaturen ausgebildet wurden. Laien können sich durch Vereinbarungen mit den Prälaturen deren Aufgaben widmen. Einzelheiten dazu regelt das Partikularrecht der jeweiligen Prälatur. Die Jurisdiktionsgewalt des Prälaten des Opus Dei erstreckt sich im Falle von Laien ausschließlich auf jenen Bereich, der durch die besonderen Verpflichtungen abgesteckt ist, die sie durch eine vertragliche Bindung mit der Prälatur eingegangen sind.

Peter Hertel

Anfragen an das Selbstverständnis des Opus Dei

Opus Dei heißt auf deutsch nicht nur »Werk Gottes«, sondern auch »Gottes Werk«. Das Opus Dei sei »nicht ein menschliches, sondern ein großes übernatürliches Unternehmen, in dem sich von Anfang an buchstäblich alles erfüllt hat, was nötig ist, damit man es ohne Übertreibung Werk Gottes nennen kann«. Das schrieb 1954 Josemaría Escrivá, der Gründer des Opus Dei. Sein hoher Anspruch wurde nicht nur von ihm, sondern wird auch heute vom Opus Dei reklamiert - zum Beispiel vom Opus-Priester Dominique le Tourneau[1] in dessen Buch *L' Opus Dei*, das in mehrere Sprachen übersetzt wurde, die jüngste Opus-Veröffentlichung ist und auch vom deutschen Opus Dei empfohlen wird.

Das Opus Dei ist der Überzeugung: »Msgr. Josemaría Escrivá de Balaguer empfing von Gott den Auftrag, das Opus Dei zu gründen.«[2] Ja, Gott selbst habe durch Josemaría Escrivá, sein Werkzeug, das Opus Dei gegründet. Und Escrivá habe von Anfang bis zum Ende den Willen Gottes erfüllt, der sich unter anderem im Geist, in Normen und Gewohnheiten des Werkes wiederfinde.

Es gibt keine andere Gemeinschaft in der katholischen Kirche, die ihrem Gründer eine solch herausragende Erwählung bescheinigt, einen so hohen Anspruch erhebt und dies auch noch in ihrem Namen zum Ausdruck bringt. In dieser Hinsicht ist das Opus Dei einzig. Welche Konsequenzen ergeben sich aus seinem Selbstverständnis?

Der Außenstehende, der das Selbstverständnis des Opus Dei hinterfragen möchte, steht vor einer Schwierigkeit: was ihm offizielle Opus-Vertreter über das Werk sagen, widerspricht nicht

1 *D. le Tourneau*, Das Opus Dei, Stein am Rhein 1987, 31.

2 Der Diener Gottes Josemaría Escrivá de Balaguer, Gründer des Opus Dei, Informationsheft des Opus Dei, Nr. 5, Köln 1983, 3.

selten den Aussagen ehemaliger Mitglieder, die - unabhängig voneinander und weltweit - teilweise ähnliche, ja sogar identische Auskünfte geben. Stützt sich der Außenstehende aber auch auf deren Berichte, dann wird ihm vom Opus Dei Einseitigkeit vorgeworfen. So schickte César Ortiz, der Regionalvikar des deutschen Opus Dei, im Juni 1991 eine vom Opus Dei erstellte Schrift an Bischöfe und Domkapitulare, in der es heißt: mein »Anti-Opus-Dei-Buch«[3] bringe »einseitig die Haltung von ehemaligen Mitgliedern des Opus Dei zum Vortrag, die im Unfrieden aus der Gemeinschaft geschieden sind«.

Das stimmt nicht. Um solchen Vorwürfen zu begegnen, greife ich auch auf interne bzw. geheime Schriften des Opus Dei zurück - wiewohl ich weiß, daß sie im Opus Dei verschlossen werden und nicht einmal von allen Mitgliedern gelesen werden dürfen. Aber, weil sie zum Teil bestätigen, was ehemalige Mitglieder behaupten und das Opus Dei nach außen bestreitet, halte ich es für unerläßlich, daraus zu zitieren.

Das Selbstverständnis des Opus Dei finden wir vor allem in seinen lateinischen Schriften beschrieben, die in Kapitel und kurz gehaltene, numerierte Unterpunkte eingeteilt sind. Bis 1982 galten für das Säkularinstitut Opus Dei die Konstitutionen[4], die im lateinischen Wortlaut erst bekannt wurden, nachdem sie nicht mehr in Kraft waren. Aus den Konstitutionen sind zwei Schriften hervorgegangen: erstens die vom Papst approbierten *Statuten*[5] von 1982, die 1984 gegen den Willen des Opus Dei an die Öffentlichkeit kamen und erst danach offiziell von einem Opus-nahen Verlag herausgebracht wurden; zweitens die Schrift *De Spiritu et de piis servandis Consuetudinibus* (*Geist und Fromme Gewohnheiten*)[6], die der römische Leiter des Opus Dei, Alvaro del Portillo, am 9. April 1990 im derzeit gültigen Wortlaut in Kraft setzte und die im Opus Dei unter Verschluß zu halten ist. Des weiteren benutze ich die ebenfalls interne bzw. geheime

3 *P. Hertel*, »Ich verspreche euch den Himmel« - Geistlicher Anspruch, gesellschaftliche Ziele und kirchliche Bedeutung des Opus Dei, Düsseldorf ^{4} 1991.

4 Constitutiones Societatis Sacerdotalis Sanctae Crucis et Operis Dei, Rom 1950.

5 Codex Iuris Particularis Operis Dei, Romae 1982.

6 De Spiritu et de piis servandis Consuetudinibus (Geist und Fromme Gewohnheiten), Romae 1990 (beim Verfasser einzusehen).

Schrift *Regulae internae pro Administrationibus* (*Regeln für den Umgang zwischen der Männerabteilung und der Frauenabteilung*) von 1985[7]. Im Gegensatz zu den drei genannten lateinischen Schriften ist das mehrbändige interne bzw. geheime *Vademecum*[8] auf spanisch verfaßt. Es gibt teils Ratschläge, teils exakte, verpflichtende Anweisungen für das Leben im Opus Dei.

Gelegentlich macht das Opus Dei darauf aufmerksam, Außenstehende würden Opus-Texte verwenden, die vorkonziliar, jedenfalls nicht mehr gültig seien. Deshalb hebe ich hervor, daß alle vier Schriften, die ich verwende (*Statuten*, *Geist und Fromme Gewohnheiten*, *Regeln für die Verwaltung* und *Vademecum*), erst in der Personalprälatur Opus Dei (seit 1982) in Kraft gesetzt wurden und derzeit Bestandskraft haben.

Des weiteren stütze ich mich auf Texte, die beim Informationsbüro des Opus Dei in Köln und im Buchhandel erhältlich sind. Ich erwähne auch, daß ich mit Mitgliedern des Opus Dei und mit ehemaligen Mitgliedern gesprochen und mich bei beiden Gruppen kundig gemacht habe.

In diesem kurzen Beitrag kann ich nur auf vier Aspekte des Opus-Selbstverständnisses eingehen.

1. Das Opus Dei als übernatürliches Unternehmen

In der Schrift *Geist und Fromme Gewohnheiten des Opus Dei* (Nr. 11) lesen wir auf dem Hintergrund der Überzeugung, daß das Opus Dei ein übernatürliches Unternehmen sei:

»Der genuine Geist des Opus Dei, der in seinen Gläubigen gepflegt wird, ist rein und tief, einfach und natürlich, so daß er alle Aktionen durchdringt, sie reinigt und sie, ohne sie zu verformen, in das wahre Wesen der Heiligung und des Apostolats umwandelt. Ihr aber seid von Christus und, nach dem Beispiel Christi und mit Christus, von Gott (vgl. Phil 3,8).«

7 Regulae internae pro administrationibus, editio sexta, Romae 1985 (beim Verfasser einzusehen).

8 Vademecum de los Consejos locales, Roma, 19. III. 1987 (beim Verfasser einzusehen).

Wenn das Selbstverständnis des Opus Dei stimmt, ein übernatürliches Unternehmen zu sein; wenn der Geist, der die Aktionen der Mitglieder durchdringt, verwandelt und formt, ein übernatürlicher ist; wenn das Opus Dei authentischer Wille Gottes ist - dann könnte das alles nicht ohne Auswirkung auf den einzelnen Christen und die Kirche bleiben.

In Punkt 12 der internen Schrift *Geist und Fromme Gewohnheiten* lesen wir: »Der dem Geist des Opus Dei eigentümliche Charakter besteht darin, daß jeder seine Berufsarbeit, also seine gewöhnliche Arbeit, heiligen muß, sich bei der Erfüllung seiner Berufsarbeit heiligen muß und durch seine Berufsarbeit andere heiligen muß.«

Das Opus Dei, so wird hier, denke ich, deutlich, ist eine religiöse Einrichtung. Ich hebe dies eigens hervor, weil es gelegentlich als politische Mafia oder als Jugendsekte eingestuft wird. Den geistlichen Ansatz des Werkes, hat Gründer Escrivá so beschrieben:

Das Opus Dei sei »am ehesten zu verstehen, wenn man sich das Leben der ersten Christen vergegenwärtigt. Sie lebten ihre christliche Berufung voll und ganz: sie suchten ernsthaft jene Vollkommenheit, zu der sie durch die einfache und erhabene Tatsache der Taufe gerufen waren. Äußerlich unterschieden sie sich nicht von anderen Leuten. Die Mitglieder des Opus Dei sind gewöhnliche Menschen, die eine gewöhnliche Arbeit leisten und in der Welt leben als das, was sie sind: als christliche Staatsbürger, die den Forderungen ihres Glaubens voll entsprechen wollen.«[9]

Kurzum: die Christen sollen ihr Christsein nicht mit der Sonntagsgarderobe ablegen, sondern sie sollen in ganz gewöhnlichen Berufen ihren Alltag heiligen - und ihre Arbeit.

Dieser religiöse Ansatz des Opus Dei, der so alt ist wie das Christentum, ist sehr begrüßenswert - und verständlich: gerade in den Jahrzehnten vor Escrivá war der Gedanke an die Heiligung des Alltags, an das verborgene und alltägliche Leben Jesu, neu belebt worden. Insofern war der religiöse Aufbruch des

9 Gespräche mit Msgr. Escrivá de Balaguer, Köln 1981, Nr. 24.

Opus Dei in eine breite Strömung zeitgemäßer Weltfrömmigkeit eingebettet, in der die alte christliche Wahrheit vom allgemeinen Priestertum neu zur Geltung kam. Es ist anzuerkennen, daß das Opus Dei akzentuierte, was auch das Zweite Vatikanische Konzil herausgestellt hat: die Berufung des Laien.

2. Klassen und Charismen im Opus Dei

In der Schrift *Geist und Fromme Gewohnheiten* steht wörtlich: »Alle Gläubigen der Prälatur, ob Priester oder Laien, haben dieselbe eine göttliche Berufung; verschiedene Klassen gibt es im Opus Dei nicht.«

Dennoch gibt es im übernatürlichen Gotteswerk gewisse Strukturen, die zu Gruppen und Klassen führen. Zunächst sind da unterschiedliche Dienste, Rechte und Aufstiegsmöglichkeiten zwischen Männern und Frauen. Ich behaupte nicht, daß Frauen oder *die* Frauen im Opus Dei damit nicht zufrieden wären. Aber objektiv besteht diese Ungleichstellung.

Zunächst: Die männliche Abteilung und die weibliche Abteilung des Werkes sind strikt voneinander getrennt. Ich zitiere aus den internen *Regeln für die Verwaltung*, also die Frauenabteilung (wobei es sich bei dem Stichwort »Residenz« um Häuser der Männerabteilung handelt; der Begriff »Verwaltung« umfaßt Häuser, Arbeit und die entsprechenden Mitglieder der Frauenabteilung). Die Regeln wurden von Escrivá verfaßt und in sechster Auflage von der römischen Opus-Zentrale herausgegeben.

»11. Der Eingang der Residenz ist stets vom Eingang der Verwaltung verschieden; soweit möglich, soll man sogar dafür sorgen, daß jeder Eingang sich an einer anderen Straße befindet, so daß die Personen, die in den beiden Häusern leben, absolut unabhängig eintreten und hinausgehen können.

Es ist stets zu vermeiden, daß man von der Verwaltung aus die Residenz und von der Residenz aus die Verwaltung sehen kann.«

»13. Diejenigen, die in der Residenz leben, haben mit den Personen der Verwaltung nichts zu tun und wissen auch deren Namen nicht. Sie sehen sie auch nie, mit Ausnahme derer, die bei Tisch bedienen.«

»18. Die Verbindungstüre zwischen den beiden Häusern hat zwei verschiedene Schlösser, je eines auf jeder Seite der Türe; besser ist es, wenn eine Doppeltüre da ist mit je einem verschiedenen Schloß. Der Direktor verwahrt einen Schlüssel, und die Direktorin einen weiteren, davon verschiedenen.«

»35. Die Numerarierinnen müssen gebührend auf ihr Kleid achten und ein weißes Arbeitsgewand tragen, während sie die Verwaltungsarbeiten ausführen.«

»38. Die übrigen tragen zur Besorgung der Verwaltungsarbeiten stets ein bescheidenes farbiges Kleid und ziehen zum Dienst an der Pforte und im Speisesaal eine ebenfalls bescheidene Uniform mit langen Ärmeln an. Die gestraffte Frisur gehört zur Uniform, die sie zu tragen haben, während sie die Verwaltungsarbeit besorgen.«

»46. Die Reinigung der Residenz beginnt für gewöhnlich dann, wenn deren Bewohner zur Betrachtung und zur heiligen Messe im Gebetsraum weilen.«

»56. Falls es eine von der Verwaltung besorgte Bar gibt oder im Speisesaal Selbstbedienung, bleibt die Zone des von den Personen der Verwaltung besetzten Lokals von der Zone der Residenzbewohner getrennt, wenigstens durch eine Schranke.«

Die Männerabteilung und die Frauenabteilung sind also strikt voneinander getrennt. Aus den *Statuten* ergibt sich: Die höheren Leitungsaufgaben des Opus Dei sind in der Männerabteilung angesiedelt. Wie von den Männern sind die Frauen auch von diesen Leitungsaufgaben getrennt. Männer wählen den Prälaten, den Leiter der Prälatur; Frauen können nicht mitwählen. Und: die verheirateten Mitglieder, auch Männer, können nicht in höhere Leitungsämter aufsteigen.

Innerhalb der Männerabteilung - und damit im gesamten Opus Dei - sind die Priester entscheidend, wenngleich ihre Zahl nicht einmal zwei Prozent der männlichen und weiblichen Mitglieder beträgt. Nur sie sind voll und ganz in die Personalprälatur inkardiniert. Sie haben das Opus-Volk zu unterweisen und die Spitzenämter inne. In Leitungsämter unterhalb der Spitzenebene können auch ehelose männliche Laien kommen, die zölibatär leben und nach Ausbildung und Lebensform den Priestern ähnlich sind. Die Ehe, so sagt Escrivá, sei »für das Fußvolk« da, aber

»nicht für den Generalstab Christi«[10]. Die Frauen dagegen können in die Gesamtleitung des Werkes nicht gelangen.

In der oberen Mitgliedsgruppe, den ehelosen Numerariern, gibt es übrigens einen bemerkenswerten Unterschied zwischen Männern und Frauen: Die Numerarier-Männer haben studiert, die Priester sollen sogar den Doktortitel führen. Von den Numerarier-Frauen hat dagegen nur eine Minderheit studiert. Die meisten sind »Hilfs-Numerarierinnen«, die die Hausarbeit verrichten und sich, wie wir eben in den Regeln für die Frauen hörten, schon durch die Kleidung von den studierten Numerarierinnen unterscheiden.

Und selbst die Numerarier und Numerarierinnen sind in zwei Klassen geteilt: in die gewöhnlichen und die Inscritos bzw. Inscritas, die ein zusätzliches Treueversprechen gegenüber dem Opus Dei ablegen und für Führungsaufgaben qualifiziert sind. In den *Statuten* wird diese Gruppe nicht erwähnt, wohl aber im *Vademecum für die örtlichen Räte*. Ihre Namen, so sagen ehemalige Mitglieder, seien selbst im Opus Dei weitgehend unbekannt.

Die Unterschiede beginnen schon bei den 14 1/2jährigen, die bereits in das Opus Dei und seine Denkstrukturen integriert und auf den Zölibat vorbereitet werden, obwohl sie juristisch erst mit 16 1/2 bzw. 17 Jahren Mitglieder werden können. Je nachdem, ob sie zölibatäre Numerarier oder zölibatäre Assoziierte werden wollen bzw. sollen, werden sie bereits mit 14 - getrennt - entsprechend den Normen und Gewohnheiten der beiden Gruppen ausgebildet.

Meine Anfrage an das übernatürliche Unternehmen Opus Dei ist, warum es unterschiedliche Mitgliedsklassen hat, in denen den einen weit mehr Rechte als den anderen zukommen? Sind diese Unterschiede, die sich aus den Strukturen des Opus Dei ergeben, im Willen Gottes grundgelegt? Oder sind da nicht verschiedene Charismen, die nach 1 Kor 11-14 im Gottesvolk existieren, in der Prälatur Opus Dei erheblich eingeschränkt? Um zwei Aspekte zu nennen: nach dem Zweiten Vatikanischen Konzil haben sich erstens weltweit Pastoralgremien gebildet, in denen

10 *J. Escrivá de Balaguer*, Camino, Madrid 1939 (^{41} 1984), Nr. 28.

Männer und Frauen gemeinsam wirken, in denen Frauen sogar Vorsitzende werden. Sie beraten die Bischöfe bei ihren Leitungsaufgaben und wirken dabei mit. In der Personalprälatur Opus Dei dagegen gibt es solche vergleichbaren Gremien nicht. Zweitens: verheiratete Männer können in Diözesen und Prälaturen Diakone werden; nicht aber in der Prälatur Opus Dei. Warum nicht?

3. Offenheit und Geheimhaltung im Opus Dei

In den *Statuten* des Opus Dei lesen wir: »Das Opus Dei kann sein Ziel umso wirksamer verfolgen, wenn es beschließt, bescheiden zu leben. Deshalb soll sich das Opus Dei aller kollektiven Aktivitäten enthalten, auch soll es keinen gemeinsamen Namen oder eine gemeinsame Bezeichnung geben, um die Gläubigen der Prälatur zu benennen. Diese sollen sich auch nicht kollektiv an irgendwelchen Kultveranstaltungen, wie Prozessionen beteiligen, ohne daß sie damit verheimlichen sollen, zur Prälatur zu gehören, weil der Geist des Opus Dei - während er die Gläubigen dahin führt, eine kollektive Bescheidenheit nachdrücklich anzustreben, damit sie eine noch nachhaltigere und erfolgreichere apostolische Wirkung erzielen - gleichwohl jede Geheimnistuerei oder Heimlichkeit vermeidet.«[11]

Doch damit ist das einzelne Mitglied keineswegs ermahnt, sich zu offenbaren. In den Konstitutionen, die bis 1982 in Kraft waren, deren Geist aber weiter gilt, waren die einzelnen Mitglieder sogar auf die Geheimhaltung verpflichtet; es sei denn, der Direktor hätte einem Mitglied erlaubt, seine Identität einem Nichtmitglied zu enthüllen oder gar den Namen eines anderen Mitglieds zu nennen.[12]

Hinzu kommt, daß die *Statuten* in den Schlußbestimmungen ausdrücklich festlegen, daß die Normen der Konstitutionen nicht einfach außer Kraft gesetzt sind: Alle schon inkorporierten Gläubigen des Opus Dei, seien sie Priester, seien sie Laien oder As-

11 Codex, Nr. 89 § 2.
12 Vgl. Constitutiones, Nr. 191.

soziierten- und Supernumerarierpriester der Priesterlichen Gesellschaft »haben dieselben Verpflichtungen zu erfüllen und genießen dieselben Rechte, die sie unter der vorhergehenden Rechtsgestalt hatten, wenn nicht die Vorschriften dieses Codexes ausdrücklich anderes festlegen oder es sich um solche (Pflichten und Rechte) handelt, die sich aus Normen ableiten, die durch dieses neue Recht abgeschafft worden sind.«[13] Indes wird den Mitgliedern an keiner Stelle der *Statuten* erlaubt, daß sie Namen bekanntgeben dürfen, wenn der örtliche Direktor nicht damit einverstanden ist. Und wohl kaum läßt sich eine generelle Erlaubnis zur Bekanntgabe aus den *Statuten* ableiten.

Um möglichen Mißverständnissen vorzubeugen: Natürlich hat wie jeder Christ auch das Opus-Mitglied das Recht, seinen Glauben im Verborgenen zu leben. Doch darum geht es hier nicht. Sondern: das Opus Dei nennt sich in der Schrift *Geist und Fromme Gewohnheiten* eine »Familie« und »zugleich eine Kampftruppe zum geistlichen Kampf bestens gerüstet dank straffster Disziplin«[14]; es versteht sich als ein »mobiles Corps«, das dem Vatikan zur Verfügung steht, wie sein Leiter del Portillo wissen ließ. Als straffe, quasi-militärisch verfaßte Einrichtung aber, denke ich, ist es auf Einfluß und Macht in der Gesellschaft, insbesondere in der Kirche, zu hinterfragen.

Es geht nicht zuletzt um Namen von Mitgliedern, die in Kirche und Gesellschaft an sehr einflußreichen Stellen tätig sind und Macht ausüben, aber unerkannt bleiben. Es geht um Institutionen, die unerkannt im Auftrag und Geist des Opus Dei tätig werden. Darauf gehe ich in meinem zweiten Beitrag näher ein.[15] Hier deute ich das Problem nur grundsätzlich an, weil es mit dem Geist des Opus Dei zu tun hat. Im internen *Vademecum* wird zum Beispiel die Geheimhaltung geheimer Texte expressis verbis vorgeschrieben: »Die Instruktionen und Briefe unseres Gründers, die Glosas, das *Vademecum* usw. müssen in dem Zentrum verbleiben, dem sie zugewiesen sind. Sie sind im Büro des Direktors unter Verschluß zu halten und dürfen das Zentrum

13 Codex, Dispositiones Finales, § 2
14 De spiritu, Nr. 64.
15 Vgl. unten, S. 121-145.

nicht verlassen. Falls dies aber durch einen ganz außergewöhnlichen Umstand - beispielsweise durch einen Umzug - doch einmal nötig sein sollte, müssen sie mit äußerster Umsicht transportiert werden: in einer Aktentasche, Handtasche oder einem Köfferchen, die ausschließlich für diesen Zweck vorgesehen sind und die immer ein Direktor trägt. Ähnlich dürfen Schriftstücke auf Reisen nicht in Koffern mitgeführt werden, weil man diese vertauschen oder verlieren kann. Auf Bahnhöfen oder Flugplätzen dürfen sie nicht in der Gepäckaufbewahrung o. ä. verbleiben. Reist man mit dem Auto, so dürfen sie beim Verlassen des Wagens nicht darin zurückgelassen werden - auch wenn das Fahrzeug verschlossen wird. Aus Gründen der Klugheit und der Ordnung ist es auch sehr ratsam, Papiere nicht in Handtaschen bei sich zu tragen oder sie auf dem Schreibtisch liegenzulassen, wenn man das Zimmer verläßt.

Wenn aber einmal alle oder ein Teil der Dokumente abhanden kommen, dann ist umgehend die Regionalkommission über alle Einzelheiten zu informieren, ohne daß man freilich zu meinen braucht, dieses Mißgeschick sei eine Katastrophe. Wenn sie verloren gehen, macht das nichts: alles, was drinsteht, ist nach Wesen und Form nicht nur gut und nobel, sondern heilig.«[16]

Aus der Schrift *Geist und Fromme Gewohnheiten*: »Das Wesensmerkmal der Berufung zum Opus Dei führt zu vielen, auch kleinen, Besonderheiten im Leben seiner Mitglieder: So vermerken die Laienmitglieder in ihrem 'Curriculum vitae' nie ihre Zugehörigkeit zum Opus Dei, wie ja die anderen Gläubigen auch nicht angeben, welchem Bistum sie angehören. Auch verwenden sie nicht Briefpapier mit dem Briefkopf der Prälatur oder des Postens, den sie im Werk innehaben, mit Ausnahme des Regionalvikars. Wer solches benötigt, verfügt über Briefpapier mit seinem Namen und den persönlichen beruflichen Angaben, wie sie am betreffenden Ort Brauch sind.«[17] Selbst demjenigen, der seine wöchentliche Beichte ablegt, wird, wenn er auf Reisen ist und nicht bei einem Opus-Priester beichten kann, gewisse Geheimhaltung nahegelegt. Zitat aus dem *Vademecum*:

16 Vademecum, 142 f.
17 De spiritu, Fußnote 12.

»Wenn also jemand das Mißgeschick hatte, Gott in etwas Wichtigem zu beleidigen und, weil auf der Reise oder wegen irgendeines anderen Umstands, nicht einen Priester der Prälatur oder der Priestergesellschaft vom Hl. Kreuz aufsuchen konnte, wird er - selbstverständlich - nicht nur die Verfehlungen gegen die christlichen Tugenden im allgemeinen, sondern - in seinem Fall - auch diejenigen einzeln angeben müssen, die sich darauf beziehen, daß er seine besonderen Verpflichtungen in einer schwerwiegenden Materie nicht erfüllt hat, indem er auf sein persönliches geistliches Engagement hinweist, aufgrund dessen diese Verfehlungen für ihn Sünde oder etwas besonders Schwerwiegendes sind. In diesem Fall, der außergewöhnlich sein wird, soll der Beichtende schlicht seine Verpflichtungen gegenüber Gott äußern, indem er beispielsweise sagt: 'Ich klage mich an, daß ich mich gegen eine Arbeitspflicht, die ich vor Gott übernommen habe, schwer verfehlt habe', oder 'gegen meine Verpflichtung, mich einer Bildungsaufgabe zu widmen'; 'schwere Verpflichtungen mißachtet zu haben, die ich in bezug auf die Verfügung über die Güter und ihren Gebrauch eingegangen bin'; 'gegen die Gerechtigkeit gefehlt zu haben, weil ich ungerechtfertigt über Güter verfügt habe, die nicht mir persönlich gehören'; falls es sich um Sünden gegen die Keuschheit handelt: 'Ich weise darauf hin, daß ich mich aus Berufung verpflichtet habe, keusch zu sein und im Zölibat zu leben' (die Supernumerarier: 'meinem Stand entsprechend keusch zu sein'); 'in einer schwerwiegenden Materie nicht gehorcht zu haben'; 'gegen Personen oder Direktoren einer Institution der Kirche schwerwiegende kritische Urteile geduldet zu haben'.

Selbstverständlich ist es nicht ungehörig zu eröffnen, daß man der Prälatur angehört. Der Beichtende hat jedoch daran zu denken, daß er verpflichtet ist, nicht ein schiefes Licht auf das Werk zu werfen; denn seine Situation entspricht in diesem Zeitpunkt nicht seinem gewöhnlichen Leben, und alle anderen Mitglieder der Prälatur bestreben sich täglich in heroischem Ringen, heilig zu sein.«[18]

18 Vademecum, 73 f.

Der (1988 gestorbene) schweizerische Theologe Hans Urs von Balthasar hat bereits 1963 das Opus Dei die »stärkste integralistische Machtballung in der katholischen Kirche« genannt. In diesem Zusammenhang schrieb er: »Der Ziel-Wert, um dessentwillen primär und zuerst das Geld, die irdische Macht und Organisation gesammelt, gehortet, lanciert wird, gerät unfehlbar ins Schlepptau des angeblichen Mittelswertes, wenn der Zielwert eben das gedemütigte Lamm, die gekreuzigte Liebe ist. Nun versteht sich auch, warum der Integralismus so gern im Verborgenen arbeitet. Welche Gründe kann es überhaupt geben, um in der Kirche, inmitten des Volkes Gottes etwas Geheimes zu rechtfertigen? Kirche kann für das blinde oder scheele Auge der Welt zwar als ganze ein 'heilig öffentliches Geheimnis' sein, darin lag der Sinn der altchristlichen Diskretion (Arkandisziplin). Im Innenraum der Kirche müßte aber doch für die Gläubigen überall lichte Durchsichtigkeit herrschen. Das grundsätzlich Geheime der römischen Inquisition von heute ('Heiliges Offizium') stammt aus der Zeit engster Verflochtenheit weltlicher und geistlicher Macht, es ließe sich allenfalls mit Gründen der Regierungsklugheit, da und dort sogar der brüderlichen Liebe und Schonung erklären ... Was aber haben im Bereich der gewöhnlichen Christen geheime oder halbgeheime Organisationen zu schaffen? Was kann und soll hier überhaupt verborgen werden? Zweifellos doch nur Ballungen weltlicher Macht, die angeblich zum Vorteil des Reiches Gottes lieber im dunkeln arbeiten wollen.«[19]

Meine Anfrage: warum diese Angst im Opus Dei, sich gegenüber Außenstehenden zum Werk Gottes zu bekennen? Warum keine (allenfalls ausweichende) Antworten auf die Fragen nach Macht und Einfluß der Prälatur? Hat das mit dem Licht und der Wahrheit zu tun, die uns das Evangelium bringt?

19 *H. U. von Balthasar*, Integralismus, in: Wort und Wahrheit 18, 1963, 739 ff.

4. Freiheit und Zwang im Opus Dei

Das bekannteste Buch des Opus-Gründers Escrivá, das vom Opus Dei weltweit verbreitet worden ist, heißt *Camino*[20] - zu deutsch *Der Weg*. Es bietet 999 Aphorismen.

Nr. 941 lautet in wörtlicher Übersetzung aus dem Spanischen: »Gehorchen ... sicherer Weg. Blind dem Vorgesetzten gehorchen ... [Obedecer ciegamente al superior ...], Weg der Heiligkeit. In deinem Apostolat gehorchen ... der einzige Weg. Denn in einem Werk Gottes kann der Geist nur so sein: gehorchen oder weggehen.«

Nr. 387 heißt: »Die Ebene der Heiligkeit, die der Herr von uns wünscht, ist durch diese drei Punkte bestimmt: heilige Unnachgiebigkeit, heiliger Zwang [coacción] und heilige Unverschämtheit.«

Daraus haben Kritiker des Opus Dei geschlossen, im Opus Dei herrschten blinder Gehorsam und Zwang. Auch ehemalige Mitglieder behaupten dies.

Dem widerspricht das Opus Dei, zum Beispiel in Österreich: »Im Opus Dei verlangt ein intelligenter Gehorsam, sich stets gemäß der jeweiligen Verantwortungslage vor Gott zu entscheiden und zu verhalten. Ihrer Klärung dient geistliche Leitung oder Beratung anhand der überprüfbaren und nachprüfbaren katholischen Lehre. Dadurch wird die Urteilsfähigkeit geschärft und das Entscheidungsvermögen entwickelt.«

Der Begriff »intelligenter Gehorsam« wird im Opus Dei häufiger verwandt, um den Begriff »blinder Gehorsam« zu interpretieren oder ihn einfach als unrichtig zurückzuweisen. Trotzdem: in der spanischen Originalfassung des *Camino* steht eindeutig »blind gehorchen«.

Einerseits also, das läßt sich nicht leugnen, blinder Gehorsam, andererseits intelligenter Gehorsam. Ich muß gestehen, daß ich

20 *J. Escrivá de Balaguer*, Camino, Madrid 1939 (^{41}1984). (Spanische Originalausgabe des deutschen Buches »Der Weg«, das gegenüber dem spanischen Original teilweise bis zur Unkenntlichkeit abgemildert ist. Zum Beispiel wird »Blind dem Vorgesetzten gehorchen ...« übersetzt: »Den Vorgesetzten mit rückhaltlosem Vertrauen gehorchen ...« - Nr. 941).

das nicht zusammenbekomme. Kann es sein, daß derjenige, der sich im Opus Dei befindet, die Regeln bejaht und gehorsam ist, dies für intelligent hält, während derjenige, der sich vom Opus Dei löst, Blindheit und Zwang sieht? Doch auch das kann man nicht einfach als Alternative sehen, weil ja Escrivá, der im Opus Dei nach wie vor als Autorität unumstritten ist, selber von Blindheit und Zwang spricht - im *Camino*, der als sein Hauptwerk gilt. Und nach wie vor wird dieses Buch vom Opus Dei gerühmt und empfohlen.

In diesem Zusammenhang möchte ich noch einen zweiten Aspekt erwähnen: die Zensur im Opus Dei. So wird zum Beispiel der Index (das Bücherverbot) der katholischen Kirche, den das Zweite Vatikanische Konzil abgeschafft hat, im Opus Dei verschärft fortgeschrieben. Das Opus Dei behauptet, es handle sich hier nur um »Beratungen« der Mitglieder. Im Gegensatz dazu ergibt sich aus dem *Vademecum* wie aus Berichten ehemaliger Mitglieder, daß auf die Opus-Mitglieder bei der Wahl der Lektüre und ihrer wissenschaftlichen Verwendung massiv Einfluß und Druck ausgeübt wird. Es ist ihnen verboten, bestimmte Werke bzw. Autoren zu lesen.

Zum Nachweis einige Zitate aus dem *Vademecum*:

»Um die örtlichen Räte in ihrer Aufgabe zu unterstützen, wird den Zentren von Zeit zu Zeit die geeignete Dokumentation gesandt: Bewertungen von Büchern in der Sicht des Glaubens, kurze bibliographische Angaben, Rezensionen, positive Bibliographien, ein allgemeines Verzeichnis von Büchern zur kulturellen Bildung usw. Die örtlichen Räte archivieren dieses Material geordnet - weitere Angehörige des Zentrums können dabei mitarbeiten -, um sodann die nötige Information finden zu können. Deswegen wird diese nicht aus den Sitzen der Zentren weggegeben. Wenn ein Mitglied der Prälatur sie konsultieren muß, erleichtert es ihm der örtliche Rat, obwohl es viele Male, insbesondere bei Jüngeren, genügen wird, die notwendige Information mündlich zu übermitteln ...

Konkret darf man ohne die notwendige Erlaubnis nicht lesen: die Bücher, die von der zuständigen kirchlichen Behörde ausdrücklich verworfen worden sind; die Bücher und Artikel von nichtkatholischen Autoren, die ausdrücklich religiöse Themen behandeln, es sei denn, sie enthalten mit Gewißheit nichts gegen Glaube oder Sitten; die Schriften, die im Widerspruch zum Glauben oder zu den Sitten stehen; die Bücher, denen die kirchliche Approbation fehlt, und die diese nach dem Kirchenrecht, CIC can. 825-827, benötigen würden; die Werke von Autoren marxistischer Ausrichtung, wobei zu beachten ist, daß der Einfluß dieser Ideologie sich auf vielen kulturellen und wissenschaftlichen Gebieten zeigt; die Bücher, die zwar nicht ausgesprochen antikatholisch, häretisch, unmoralisch usw., aber doch zweideutig und verwirrend (und darum gefährlich) im Hinblick auf Glauben und Moral sind.

Falls man ein Buch nicht lesen darf ohne die entsprechende Erlaubnis, ist es eine elementare Klugheitsmaßnahme, - vorbeugend - die Lesung der weiteren Werke des gleichen Autors auszuschließen, mit Ausnahme derer, von denen ausdrücklich feststeht, daß sie keine Irrtümer oder Gefahren enthalten ...

Wenn der Gläubige der Prälatur - was nicht vorkommen soll - ohne die notwendige Erlaubnis irrgläubige oder verwirrliche Veröffentlichungen liest, erfüllt er eine ausdrückliche Anordnung nicht, die von der pastoralen Sorge des Vaters diktiert ist, und er wird seine Seele leicht einer schweren Gefahr aussetzen, die schon an und für sich nach der allgemeinen Lehre der Moral über die freiwilligen Gelegenheiten zur Sünde zu beurteilen ist. Und wenn er es gewohnheitsmäßig täte, wäre unverzüglich die Regionalkommission davon zu unterrichten. Sich in dieser Materie an die Klugheitskriterien zu halten, stellt eine schwerwiegende moralische Verpflichtung dar. Dazu nicht bereit zu sein, ist Grund dafür, daß jemand [zu den Aufnahme-Versprechen] nicht zugelassen werden kann bzw. um Austritt ersuchen muß. Erstens schon wegen der Natur des entsprechenden Sittengesetzes und zweitens deshalb, weil das zeigen würde, daß ein Grundzug des Geistes des Werkes nicht vorhanden ist ...«[21]

Auch hier habe ich Fragen an Geist und Selbstverständnis des Opus Dei: Was haben heiliger Zwang, Blindheit, Zensur und

21 Vademecum, 99 ff.

heilige Unverschämtheit mit der Botschaft Jesu zu tun, selbst wenn man sie »geistlich« versteht? Jesus verkündete das Evangelium klar und unmißverständlich. Auch wenn er sich selbst die Wahrheit nannte (»Ich bin der Weg, die Wahrheit und das Leben«), zwang er doch seine Zuhörerinnen und Zuhörer nicht, sie anzunehmen. Sie konnten sich frei entscheiden und den Glauben frei annehmen. »Heiliger Zwang« war ihm fremd. Verkehrt ein Christentum, das auf blinden Gehorsam und heiligen Zwang setzt, seine Botschaft nicht ins Gegenteil?

Hans Stephan Puhl

Zur Spiritualität des Opus Dei und zur Frömmigkeit seiner Mitglieder

Die säkulare Spiritualität des Opus Dei besteht darin, die Welt von innen her zu heiligen. Es handelt sich vorrangig um eine Spiritualität der Arbeit. Diese Spiritualität ist im Licht des II. Vatikanischen Konzils zu sehen, wenn man sie richtig verstehen will. Insbesondere in den Kapiteln 4 und 5 der Dogmatischen Konstitution *Lumen gentium,* im Dekret *Apostolicam actuositatem* und in der Pastoralkonstitution *Gaudium et spes* sind Gedanken enthalten, durch die sich die Spiritualität des Opus Dei als bestätigt betrachten darf. Das Päpstliche Dekret über den heroischen Tugendgrad des Dieners Gottes Josemaría Escrivá de Balaguer vom 9. April 1990 knüpft daher nicht zufällig an einen Text des Zweiten Vatikanischen Konzils an, wenn es mit den Worten aus *Lumen gentium*, Nr. 11, beginnt: »Alle Christgläubigen (sind) in allen Verhältnissen und in jedem Stand je auf ihrem Wege vom Herrn berufen zu der Vollkommenheit in Heiligkeit, in der der Vater selbst vollkommen ist.« Weiter führt dieses Dokument aus, Escrivás priesterliches Wirken habe sich von Beginn an (also seit 1925) in prophetischem Einklang mit dem Zweiten Vatikanischen Konzil befunden, und charakterisiert prägnant seine Botschaft, die den Kern des Opus Dei ausmache, als eine »Botschaft von der Heiligung des Irdischen und durch das Irdische«. Das Dekret nennt Escrivá einen »Kontemplativen unterwegs«. Er öffnete durch die Gründung des Opus Dei gewöhnlichen Christen mitten in der Welt einen Weg zur Heiligkeit dank einer beschaulichen Berufung mitten im alltäglichen Treiben der Welt. Arbeit, Apostolat, inneres Leben und Kontemplation bilden in der Spiritualität des Werkes eine geschlossene Einheit.

Ehe wir im Detail über die Spiritualität des Opus Dei und in diesem Zusammenhang auch über bestimmte Formen der Frömmigkeit und der Askese seiner Mitglieder sprechen, ist es meines

Erachtens wichtig, sich darüber zu einigen, was es für uns Christen heißt, wenn wir von erlösendem Leiden, Kreuz und Tod Jesu Christi und natürlich auch von der Auferstehung sprechen. Sind wir bereit, Toren um Christi Willen zu sein, wie der hl. Paulus uns wie auch die Korinther mahnt? Wie stehen wir zur Kreuzestheologie einer Edith Stein oder zum freiwilligen Tod eines Maximilian Kolbe? Warum haben wir glänzende Augen, wenn wir von Mutter Teresa sprechen? Geben wir uns Rechenschaft darüber ab, was es bedeutet, wenn wir in der Messe im ersten Hochgebet nach der Wandlung beten, daß wir Jesu »heilbringendes Leiden« verkünden? Vollziehen wir nach, wenn wir im zweiten Hochgebet die Worte hören »denn am Abend, als er ausgeliefert wurde und sich aus freiem Willen dem Leiden unterwarf«? Was geht in unseren Köpfen und Herzen vor, wenn wir im großen Glaubensbekenntnis mit der Kirche bekennen, »er wurde für uns gekreuzigt«? Wir dürfen nicht verkennen, daß heute in der Glaubenspraxis und in der theologischen Reflexion die Freiwilligkeit in Jesu Leiden und Tod und ihre Erlösungswirkung über weite Strecken übergangen, ja zuweilen konkludent negiert wird. Wenn andererseits die kirchliche Hierarchie und Loyalität, Treue und Gehorsam ihr gegenüber heute zunehmend nur noch als Einschränkung der persönlichen Freiheit empfunden werden, weil man hier und da prinzipiell bestreitet, daß sich Gottes Heilswille durch menschliche Vermittlung dem einzelnen kundtut, so hat dies alles nicht primär mit dem Opus Dei zu tun. Jeder, der den hier vorgetragenen Überlegungen etwas abgewinnen kann, hat ja immer noch das Recht, das Opus Dei nicht nach seinem Geschmack zu finden. Mit Fug und Recht gibt es ja verschiedene Wege in der Kirche, und es wäre verheerend, wenn das Opus Dei sozusagen flächendeckend *die* Spiritualität der Christen bestimmen müßte. Ich hätte sogar Angst davor. Die Frömmigkeit der Mitglieder des Opus Dei ist nur von ihrer spezifischen Spiritualität her zu verstehen und zu beurteilen. Es ist verständlich, wenn Außenstehende keinen Zugang zum Verständnis dieser Spiritualität haben. Eine solche Verständnisschwierigkeit darf aber nicht, wie dies zuweilen geschieht, unmittelbarer Anlaß zu einer Kritik am Opus Dei werden.

Auf dieser Ebene des Erörterns von Fragen christlicher Grundüberzeugungen und christlicher Lebensgestaltung sollte eigentlich das Opus Dei nur sekundär von Interesse sein. Es müßte uns Christen doch in erster Linie um Christus und die von ihm gestiftete Kirche und um die Frage gehen, wie wir - jeder einzelne von uns - am besten unseren Glauben leben können. Alles andere sollte zweitrangig sein. Wer das Opus Dei als Exoticum betrachtet und bei seiner Befassung mit ihm und seiner Spiritualität erstmals über bestimmte Praktiken oder über bestimmte Ausdrücke stolpert, muß dies dann fehlinterpretieren. Er kann dann weder seiner intellektuellen Redlichkeit, noch der katholischen Kirche, noch dem Opus Dei gerecht werden. Wer nur in Kategorien von Amtskirche, Verbandskirche und gremialer Kirche denkt und diesen gedanklichen Gebilden eine spirituelle Kirche gegenüberstellt, macht sich den Zugang zu einem korrekten Verständnis der Kirche insgesamt und des Opus Dei insbesondere schwer.

Manchmal habe ich den Eindruck, daß bei Beiträgen, die sich mit der Spiritualität des Opus Dei befassen, die Tatsache ausgeblendet wird, daß sie etwas beschreiben, was ohne die Liebe und ohne die Freiwilligkeit derer, die sich für diesen Lebensweg entscheiden, nicht zu verstehen ist, ja geradezu absurd erscheinen muß. Dabei ist es gerade im Bemühen um die Nachfolge Christi entscheidend, daß Menschen nur aus freien Stücken ihm folgen können. Moralisch relevant ist ausschließlich das, was freiwillig getan wird. Wenn Zwang ausgeübt wird, dann ist damit nichts erreicht. Derjenige, der unter Zwang etwas tut, entledigt sich damit seiner menschlichen Würde. Der Gründer des Werkes hat so viele schöne Beispiele gebracht, wie hoch er die Gewissensfreiheit einschätzte - er zog es sogar vor, von »der Freiheit *der* Gewissen« zu sprechen -, daß ich mich frage, warum diese Dinge gelegentlich nicht auch erwähnt werden, wenn über das Opus Dei gesprochen oder geschrieben wird.

Wenn zuweilen angezweifelt wird, ob im Opus Dei angesichts des Gehorsams, der dort gelebt wird, überhaupt Platz für mündige Christen sei, die an den aufrechten Gang gewöhnt sind, so gibt wohl eine treffende Antwort hierauf unser Gründer selbst und betont gleichzeitig einen ganz wesentlichen Aspekt der Laikalität, wenn er sagt: »Wenn man versuchte, die Laien zu instrumentalisieren, um Zwecke zu erreichen, die die Grenzen des hierarchischen Amtes überschreiten, fiele man einem peinlichen, anachronistischen Klerikalismus anheim; eine derartige Verurteilung zur ständigen Unmündigkeit würde die apostolischen Möglichkeiten der Laien ungeheuer beschränken, und vor allem würde man so - besonders heute - Autorität und Einheit der Kirche selbst in Gefahr bringen.« Der laikalen Mentalität im Opus Dei widerspräche es gleichermaßen, wenn auch der einzelne sich des Opus Dei oder der Kirche für eigene Zwecke bedienen wollte. So warnte Escrivá vor solchem Mißbrauch und charakterisierte laikale Mentalität, die in rechter Weise mit persönlicher Verantwortung und Freiheitsliebe gelebt wird, mit folgenden drei Sätzen:

»Man muß anständig genug sein, um die eigene Verantwortung auf sich zu nehmen;

man muß christlich genug sein, um auch jene Brüder im Glauben zu respektieren, die in Fragen, die der freien Meinung überlassen sind, andere Ansichten vertreten als man selbst;

und man muß katholisch genug sein, um sich der Kirche nicht für eigene Zwecke zu bedienen und sie nicht in rein menschliche Gruppeninteressen hineinzuziehen.«

Wenn über Buße und Sühne im Opus Dei gesprochen wird, meine ich, sollte man nicht undifferenziert Sturm laufen gegen bestimmte Vokabeln wie »Opfer« oder »Abtötung«. Ich gebe zu, es gibt lebensfrohere Ausdrücke als »Abtötung«. Aber ich bitte Sie, wenn es um körperliche Abtötung geht, uns nicht gleich Leibfeindlichkeit oder Masochismus und Freude an der Qual anzudichten. Ließe man diesen Kurzschluß zu, dann könnte man ebenso - übertragen auf das Gebiet der christlichen Armut - Bedürfnislosigkeit mit Unbedarftheit gleichsetzen. Buße, Opfer, Sühne und Abtötung werden kaum noch verstanden, wenn das Leiden und Sterben Jesu Christi als erlösendes Tun aus dem Blick geraten. Abtötung wird dann leicht verworfen als Selbstquälerei und als Ausdruck einer falschen Projektion religiösen

Empfindens. Sie gilt dann unbesehen als Tun von Menschen, die sich an der Schöpfung versündigen und sie, die durch die Inkarnation geadelt worden ist, in ihrer gottgewollten Wertigkeit nicht akzeptierten. Der Asket ist nicht unbedingt ein Kostverächter oder ein unkultivierter Mitmensch, der die schönen Seiten dieses Lebens nicht zu genießen verstünde. Moralisch oder religiös motivierter Verzicht setzt voraus, daß der Wert dessen, auf das man verzichtet, erkannt wird. Auf etwas zu verzichten, was ohnehin nicht als Wert geschätzt wird oder als unerreichbar gilt, hat keinen Wert. Sonst müßten wir Wilhelm Busch beipflichten, wenn er sagt:
»Enthaltsamkeit ist das Vergnügen
an Sachen, welche wir nicht kriegen.«

Wir beichten regelmäßig. Wir vollziehen Übungen der Buße. Tun wir das, weil wir Angst vor Höllenstrafen Gottes haben? Nein. Wenn jemand wie ich regelmäßig beichten geht, das heißt wöchentlich, dann kann es ja nicht darum gehen, daß er immer grobes Geschütz auffährt, um dem Priester zu sagen, was er für ein deftiger Sünder ist. Wir gehen davon aus, daß kleine Lieblosigkeiten, kleine Fehler, Zurückhaltung in der Großzügigkeit gegenüber dem fordernden und auffordernden Willen Gottes, dem wir uns aussetzen, daß diese Dinge auch ins Beichtgespräch genommen werden können, selbst wenn wir wissen, daß sie nicht schwerwiegend sind und nicht gebeichtet werden müßten. Weil wir die Erfahrung gemacht haben, daß die häufige Beichte auch eine Form ist, sich sakramental und dadurch, daß man Rat hört, helfen zu lassen, empfinden wir diese Praxis als hilfreich. Ich bin wieder jähzornig gewesen, ich war wieder nachtragend, oder ich habe meinen Unmut im häuslichen Familienbereich oder an meinen unschuldigen Mitarbeitern ausgelassen. Ähnliche Beispiele ließen sich aus den Bereichen nennen, in denen es um Unmäßigkeit, übertriebenen Ehrgeiz, Eitelkeit, Unwahrhaftigkeit oder Ungeduld und Unduldsamkeit geht. Es gibt eine Fülle von Möglichkeiten, die nicht zu fassen sind unter der Kategorie »du mußt« oder »du sollst«, sondern unter der Kategorie des »wir können« oder »wir dürfen diese Hilfe in Anspruch nehmen«.

Ich möchte in den folgenden sieben Aspekten auf einige Dinge hinweisen, die nach meiner Erfahrung in der Spiritualität des Werkes eine Rolle spielen und sich daher - bei aller individuellen Prägung des Betens und Handelns des einzelnen - im Frömmigkeitsleben der Mitglieder des Opus Dei niederschlagen. Dabei ist freilich zu berücksichtigen, daß das Werk mit seiner Spiritualität nur einen Rahmen vorgibt, der zu dieser Berufung im Beruf und im gewöhnlichen christlichen Alltag besonders gut paßt, der sich aber auch aus unserer »Familiengeschichte« ableitet. Der einzelne kann diesen Rahmen sehr verschieden ausfüllen und seinen Inhalt mit ganz Eigenem prägen. Escrivá gebrauchte gern das Bild vom Zähler und vom Nenner in einer Bruchzahl; das Glaubensgut der Kirche und der Geist des Werkes sei der allen im Opus Dei gemeinsame verbindliche Nenner, die je individuelle Ausformung als Zähler sei jedoch beliebig.

Als Schlüsselbegriffe gehören zur Spiritualität des Opus Dei persönliche Freiheit und Verantwortung. Wir leben mitten in der Welt, jeder muß seine Taten, seinen Lebensweg individuell verantworten, darf und muß ihn aber auch gestalten. Es ist eine zwangsläufige Konsequenz aus der säkularen Identität und Einstellung der Mitglieder im Opus Dei, daß jeder in beruflichen, politischen und gesellschaftlichen Fragen seinem Gewissen folgt und selbstverständlich alle sich daraus ergebenden Folgen trägt. Darin manifestiert sich die legitime Autonomie der irdischen Wirklichkeiten, sie kann nur gewahrt bleiben in einer pluralen und toleranten Gesinnung aller Betroffenen. Nur so ist es auch verständlich, daß beispielsweise in einer Franco-Regierung in Spanien Mitglieder des Opus Dei mitarbeiteten, während gleichzeitig andere Mitglieder des Werkes in der Opposition waren, ins Exil mußten, aus politischen Gründen in spanischen Gefängnissen saßen oder Opfer der Willkür eben dieses Regimes wurden.

1. Das Fundament des geistlichen Lebens der Mitglieder des Opus Dei ist das Bewußtsein der Gotteskindschaft. Wir sind keine kindliche Bande, aber wir wissen, daß wir vor Gott Kinder sind, auch wenn wir im Umgang miteinander erwachsene Menschen sind. »Wir heißen Kinder Gottes, und wir sind es«, sagt

der hl. Johannes. Was immer geschieht, wie schwer meine Schuld oder wie augenfällig meine Verstrickung und meine Unzulänglichkeit sein mögen, immer weiß ich, daß ich in der väterlichen Güte und Barmherzigkeit geborgen bin. Der verlorene Sohn kann gar nicht so verworfen sein, daß sein Vater ihm seine verzeihende Liebe entzöge. Wir sollen und dürfen fromm sein, im echten Sinn, wie Kinder. Und Kinder sind fordernd, auch unverschämt - und von daher auch heilige Unverschämtheit im Gebetsleben, heilige Unbekümmertheit -, aber auch einfach und unkompliziert. Diese ungekünstelte Einfachheit im Umgang mit Gott schlägt sich, wenn sie gelingt, auch im Umgang mit den Mitmenschen nieder und beweist sich an ihr. Wir lernen im Opus Dei nicht, wie man immer schwierigere Übungen am geistigen Hochreck vollziehen kann, sondern wir lernen hoffentlich, wie man immer einfacher wird, wie man die Dinge des täglichen Lebens mit immer mehr Liebe tun kann. Das läßt sich statistisch nicht erfassen und hier auch kaum schildern; es ist auch für die Publizität nicht geeignet. Aber es gibt uns die Möglichkeit, bei allen Beschränktheiten, die wir haben, bei jedem Beruf, in jeder Lebenslage das Rohmaterial in Reichweite zu haben, mit dem wir umgehen können, wenn es darum geht, Gott unser Leben anzubieten.

2. Unsere Askese stützt sich auf die traditionellen Mittel, die die Kirche ihren Gläubigen immer empfohlen hat: Sakramente, Gebet, Großzügigkeit und Arbeit, Verzicht, Überwindung, Stoßgebete und Akte der Danksagung und der Sühne etc. Unsere Askese wird oft mit Bemühung, mit Kämpfen umschrieben. Aber ich bitte, wenn die Vokabel »Kampf« vorkommt, nicht an martialische Angelegenheiten zu denken, sondern eher an die sportliche Note. Allerdings sollte nicht übersehen werden, daß Jesus selbst eine »Kriegsmetaphorik« gebraucht hat, und daß diese auch bei Paulus zu finden ist. Verbissenheit oder Verkrampfen, so etwas ist damit nicht beabsichtigt und ist auch nicht Ziel im Opus Dei. Freude und Spaß gehören dazu, sonst läßt man es lieber. Der Glaube und auch der Weg im Opus Dei sind kein Spaziergang, sie sind anspruchsvoll. Daß wir hinter dem Anspruch

immer zurückbleiben, ist wahrscheinlich eine der bedrückendsten Erfahrungen, die jeder Christ macht. Aber wir brauchen deshalb nicht resigniert zu verzweifeln. Fällt ein Opfer so schwer, daß darüber die Freude gefährdet wird, so habe ich im Opus Dei gelernt, soll man sich für die Freude entscheiden. Die beste »Abtötung« ist die, die niemand in der Umgebung bemerkt, die aber jedem in der Umgebung das Leben vielleicht etwas leichter macht. »Lächelnde Askese« war ein Ausdruck, den Escrivá häufig benutzte. Damit ist keine fratzenhafte Grimasse oder eine unehrliche Maske gemeint, auch wenn der Versuch daneben gehen kann, und es dann so aussehen mag.

3. Die heilige Messe, sagt das II. Vatikanische Konzil, ist Wurzel und Mittelpunkt des christlichen Lebens, und unser Frömmigkeitsleben dreht sich entsprechend um die heilige Messe als den Angelpunkt. Wir pflegen im Opus Dei darüber hinaus gemeinsam in besonderer Weise einige bewährte und weltweit bekannte Formen der Verehrung der heiligsten Dreifaltigkeit, der Eucharistie und des heiligen Kreuzes, wie auch der Mutter Gottes. Marienfrömmigkeit wird heute in unseren Breitengraden, und bei gewissen Erscheinungsformen durchaus berechtigt, sehr oft kritisch betrachtet. Diese Vorbehalte sind zwar in Rechnung zu stellen, aber im Opus Dei versuchen wir, der Mutter Gottes im Hinblick auf die Einmaligkeit ihrer Mitwirkung am Erlösungswerk ihres Sohnes eine schlichte und herzliche Verehrung entgegenzubringen in der Gewißheit, daß es zu keiner Eifersüchtelei zwischen Mutter und Sohn kommen wird. Wir betrachten im Opus Dei Jesu verborgenes Leben, also seine ersten dreißig Lebensjahre als Arbeiter, und ahmen sie nach. Sie - und nicht nur die drei Jahre seines öffentlichen Lebens - sind sicher auch heilswirksam und erlösend. Die damit verbundene Unauffälligkeit hat nichts mit Geheimniskrämerei zu tun.

4. Im Opus Dei dürfte es kaum einen Charismatiker geben. Es hat Jahrzehnte gedauert, bis ich in Bezug auf den Gründer erstmals das Wort »Charisma« las. Es war lange nach dem Tod unseres Gründers. Er selbst hatte sich diesen Ausdruck offensicht-

lich nicht zugelegt. Unsere Spiritualität zeichnet sich eher durch Nüchternheit aus. Der Gründer hat uns oft gesagt, wir sollten uns im Werk auf Aufgaben, die wir uns vornehmen, erst gut vorbereiten und sie dann sachgerecht und seriös durchführen. Dieser Rat gilt nicht nur für das, was im Alltag und im Beruf anfällt, sondern analog auch im Bereich der Glaubenslehre und des Apostolates. Es geht ja bei allen diesen Dingen um die gewöhnlichen Pflichten des christlichen Alltags. Sie sind unser Metier. Mit plötzlichen Eingebungen oder amateurhaftem Tun kann man diesen Aufgaben kaum gediegen und mit Verantwortungsbewußtsein begegnen. Diese Einstellung hat in all unserer Arbeit Gültigkeit. Als Mitarbeiter am Schöpfungswerk wird der Christ auch Mitarbeiter am Erlösungswerk Christi. Von daher kommt es, daß im Werk so oft davon die Rede ist, die Arbeit sei zu heiligen. Dabei maß unser Gründer dieser Kurzformel drei Sinnrichtungen bei: Die Arbeit selbst sei zu heiligen, das heißt sie verlangt sach- und fachgerechtes Handeln bei ihrer Ausführung. Die Gnade setzt die Natur voraus. Also muß die Arbeit, wie alles Irdische, wenn sie aus der Schöpfungsordnung in die Gnadenordnung erhoben werden soll, möglichst vollkommen durchgeführt werden. Durch diese Erhebung verlieren das Irdische und seine Wirklichkeit nie ihre spezifische Eigenart und ihre Eigenwertigkeit, im Gegenteil, sie werden dadurch erhoben. Zum zweiten heißt Heiligung der Arbeit, daß sie das vorrangige Feld der Betätigung und Bewährung aller Tugenden ist. Schließlich hat die Arbeit auch apostolischen Charakter. Die gut verrichtete Arbeit gewinnt beispielhaften Wert und kann auf diese Weise anderen Menschen neben ihrem rein irdischen Wert in sich dienen.

5. Bevor ich zum Werk kam, hatte ich ein gebrochenes Verhältnis zum Begriff »Tugend«. Ich hatte den Eindruck, Tugend sei Mangel an Gelegenheit. Das Leben mit seiner Faszination sah für mich etwas anders aus. Tugenden erschienen mir als verkitscht, vergipst, bläßlich und blutleer dargestellt; und möglicherweise leiden manche noch heute daran, daß Tugenden derart entstellt wurden. Es ist eine für uns Gläubige unzumutbare Verkürzung, wenn Glaube und Moral ausschließlich als Katalog von

Verboten und Geboten dargestellt und vermittelt werden, so als müßten wir ängstlich darauf bedacht sein, nur keinen Fehltritt zu begehen. Ich habe im Opus Dei gelernt, daß es ein gesundes und natürliches Aufbegehren ist, wenn man sich als Christ damit nicht abfinden will. Uns werden im Werk alle Tugenden ans Herz gelegt, nicht nur, wie traditionell, die Demut und die Bescheidenheit als Grundlage für alle anderen, sondern auch der Gehorsam, die Einfachheit, Natürlichkeit und vor allem die Loyalität; immer wieder die Loyalität, die auch beinhaltet, daß man kritisiert, aber offen den Kritisierten selbst und nicht verdeckt hinter seinem Rücken. Das schlägt sich auch in der Frage nieder, wie man beispielsweise Vorgesetzte oder kirchliche Einrichtungen kritisiert. Da ist manches zu kritisieren. Aber es kommt darauf an, wie man es tut. Muß jeder Familienkrach gleich zu den Nachbarn oder am besten gleich in die Presse getragen werden?

Die Tugenden, die wir üben und zu erwerben suchen, verstehen wir säkular und laikal, das heißt, sie orientieren sich nicht an Vorbildern, die für Ordensleute entworfen wurden. Das heißt nicht, daß wir Abstriche machen und immer, wenn eine Tugend anfängt, schwer zu fallen, sagen, jetzt ziehe ich die Karte der Laikalität, mache also Abstriche oder räume mir einen Rabatt ein. Es geht um etwas anderes in der Ausformung. Dazu zwei Beispiele:

1. Demut kann für mich nicht heißen, daß ich meine Berufserfahrung leugne oder mir selbst jede Kompetenz abspreche; oder mich schwer damit tue, daß ich bestimmte Qualitäten oder Fähigkeiten habe. Als Profi, sei es im Haushalt oder im Beruf, muß und darf ich dazu stehen, daß ich in diesem oder jenem Bereich zu Hause bin, daß ich hier wirklich etwas einbringen kann, ohne befürchten zu müssen, daß ich damit der Demut ins Gehege komme. Seine Fähigkeiten zu leugnen, so habe ich es im Opus Dei gelernt, ist nur ein feiges Davonlaufen. Wenn einer Talente hat, soll er auch dazu stehen, selbst wenn es ihm schwerfällt, die entsprechenden Erträge zu erwirtschaften. Sich einer empfangenen Gabe nicht

zu stellen, nur weil man sich scheut, sie als Aufgabe ernst zu nehmen, wäre falsche Demut.

2. Ich gebe alles ab, was ich verdiene. Ich versuche zu besitzen, als besäße ich nicht, und versuche, mir die innere Freiheit im Umgang mit den Gütern zu bewahren, mit denen ich umgehe. Ich verzichte auf persönliche Verfügung über Vermögen, soweit das möglich ist in meiner Situation. Entscheidend ist nicht, ob man einen Kleinwagen, eine große Limousine oder gar kein Auto besitzt. Entscheidend ist allein, ob ich innerlich frei von diesem Transportmittel bin. Wenn ich nach Asien fahre, was aus beruflichen Gründen häufiger vorkommt, dann muß ich natürlich mit allen möglichen Werten umgehen. Das kann ich. Armut kann nicht allein heißen, auf bestimmte Dinge zu verzichten. Armut heißt auch, Kultur zu schaffen, Welt verantwortlich zu gestalten, den Umgang mit der Schöpfung als Auftrag wahrzunehmen, und zwar nicht erst, seit wir merken, daß die Menschheit Raubbau an unserer Schöpfung betreibt. Die Armut, die ich lebe, orientiert sich nicht am franziskanischen Ideal, sondern eher an der Frage, die Escrivá uns als Richtschnur empfahl: Was kann sich ein armer Vater einer kinderreichen Familie erlauben?

6. Im Opus Dei sind wir keine Einzelkämpfer. Ich habe oft betont, daß wir individuell unsere Freiheit und Verantwortung gerne wahrnehmen. Es wäre aber falsch, wenn daraus der Eindruck entstünde, wir seien Einzelkämpfer.

Wir leben im Opus Dei sehr bewußt die sogenannte »communio sanctorum«, die »Gemeinschaft der Heiligen«. Nicht, daß wir uns einbildeten, wir wären kanonisiert; sondern in dem Sinn heilig, wie der hl. Paulus die Christengemeinden als Heilige anredet. Wir genießen eine geistliche Leitung, eine höchstpersönliche Anleitung, Beratung und Betreuung, in der sich jeder rückhaltlos und ohne Furcht vor Mißbrauch einem anderen anvertrauen kann in dem Bewußtsein, geschützt zu sein vor Vertrauensbruch, von innen wie von außen. Das Opus Dei habe ich erfahren als ein Heim und Zuhause, wo sich jeder so geben kann, wie er ist, ohne daß er befürchten muß, bloßgestellt oder vorgeführt zu werden.

Ein anderes Element hierzu ist die brüderliche Zurechtweisung. Vielleicht erinnern Sie sich an diese Vokabel. Wenn sich jemand endgültig dem Werk anschließt durch die »fidelitas«, dann verspricht er, vor allem den Leitern im Opus Dei brüderliche Zurechtweisungen zu erteilen. Dieser Verpflichtung versuche ich seit Dezember 1969 nachzukommen. Diese Zurechtweisung muß brüderlich sein. Man wartet nicht, bis man explodiert und dem anderen die Meinung sagt. Sie ist wesentlicher Bestandteil einer Atmosphäre der liebevollen Verantwortlichkeit untereinander. Ich würde sagen, es ist ein Krisenmanagement auf Vertrauensbasis. Sie können sich vielleicht vorstellen, wenn Menschen, derart anspruchsvollen Idealen verpflichtet, gemeinsam einen Weg gehen, der sie immer wieder zusammenführt, wenn sie beim Opus Dei auftanken, daß man dann einen gewissen Blick dafür entwickelt, ob der andere vielleicht seinen ursprünglichen Schwung verloren hat. Oder man sieht, daß jemand sich Lebensgewohnheiten zulegt, die gar nicht so recht zu einem Leben aus dem Glauben passen. Wie hilft man ihm? Man tut es am besten, indem man mit ihm spricht, liebevoll, knapp und vor allem deutlich. Nicht so liebevoll, daß der andere sich nachher fragt, was wollte der eigentlich? Es muß schon deutlich sein.

7. Im Opus Dei leben wir kein individualistisches »Rette Deine Seele«, ängstlich bedacht auf das eigene Heil. Wir haben keine Angst vor der Welt. Wir werden in letzter Zeit immer wieder als Traditionalisten oder Fundamentalisten verzeichnet. Darüber wundere ich mich, denn als Bestimmungsmerkmal solcher Fehlhaltungen wird die Angst vor der Welt geliefert, vor der modernen Welt, von der man sich überrollt fühlt, und an deren Rand man sich Nischen sucht, in denen man sich festklammern kann. Dergleichen habe ich im Opus Dei nie erlebt. Das versuchte ich auch in der Standortbestimmung meines ersten Beitrags deutlich zu machen. Wir lieben diese Welt leidenschaftlich, und zwar so, wie sie ist. Das soll allerdings nicht heißen, daß wir an ihr nichts mehr fänden, was verbesserungsbedürftig wäre. *Die Welt leiden-*

schaftlich lieben ist der Titel einer der programmatischen Predigten, die unser Gründer 1967 gehalten hat. Wir lieben diese Welt und wissen uns durch unsere apostolische Ausrichtung auch dazu berufen, diese Erfahrung, eine der beglückendsten Erfahrungen der Erlösung, anderen Menschen zugänglich zu machen. Für uns gehört das zum Kern unserer Spiritualität. Wir können nicht die Selbstheiligung vom Apostolat trennen, das wäre heuchlerisch. Das Glück können und dürfen wir nicht in der selbstgesuchten Abgeschiedenheit von den Mitmenschen suchen. Peinliche Aufdringlichkeit oder gar Zwang verbietet sich hier ebenso wie lieblose Gleichgültigkeit.

Wenn ich mich frage, wie es in diesem Sinne mit meinem apostolischen Bemühen um die Menschen steht, mit denen ich täglich Umgang habe, dann taucht bei mir eher die Frage der Verkrustung auf, die Gefahr der Ausrede: Trete ich dem nicht zu nahe? Mute ich jenem nicht zuviel zu? In jeder Situation einer intensiven und ständigen zwischenmenschlichen Beziehung, beispielsweise in der Ehe, in der Familie, in der Freundschaft oder unter Kollegen am Arbeitsplatz, gibt es das ja, daß man um des lieben Friedens willen vielleicht leichter dazu neigt, zu Vieles durchgehen zu lassen. Die apostolische Ausstrahlung basiert im Opus Dei immer auf persönlicher Glaubwürdigkeit und eigener Überzeugung. Sie ist höchstpersönlich, kann nicht delegiert werden und kann nie Ergebnis davon sein, daß der Einzelne sich zum Erfüllungsgehilfen einer Sache, Autorität, Struktur oder Einrichtung macht, denen letztlich immer etwas Anonymes und Unpersönliches anhaftet. Im weiten Bereich des Apostolates, das nicht im Sakramentalen liegt, ist mit dem »ex opere operato« nichts zu erreichen, so als müßten wir nur in magischer Weise bestimmte Formeln anwenden oder Handlungen verrichten, um uns der gnadenhaften Wirkung zu vergewissern.

Ich bin mir dessen bewußt, daß diese Darstellung nicht erschöpfend ist und auch nicht sein kann. Ich habe in den Monaten, die mir verblieben, nachdem ich zugesagt hatte, an dieser Stelle zu sprechen, zuerst mißmutig, dann mit wachsender Freude die Gelegenheit ergriffen, all das, was ich seit fast dreißig Jahren versuche, als Selbstverständlichkeit zu leben, noch einmal gedanklich zu ordnen, und mir ist dabei das eine oder andere wieder deutlicher geworden. Nicht, als hätte ich es vorher nicht mehr gewußt; aber die Reflexion und die Aufgabe, Ihnen ein Kondensat zu liefern, hat mir geholfen, mir einige Dinge noch einmal deutlicher vor Augen zu führen.

Dietmar Mieth

Kurze Stellungnahme zu den Gedanken Hans Stephan Puhls über »Spiritualität«

Seit über drei Jahrzehnten beschäftige ich mich immer wieder theoretisch und, wie ich hoffe, auch weiterhin kontinuierlich praktisch mit der christlichen Spiritualität. Weltoffenheit, Distanz und Hingabe sind mir wichtig. Über die Einheit von aktivem und kontemplativem Leben, über die Spannungseinheit von Theorie und Praxis und zuletzt über *Religiöse Erfahrung* (zusammen mit Walter Haug, Paderborn 1992) habe ich mir immer wieder neu Gedanken gemacht. Die Suche nach Lebensmodellen der Christinnen und Christen, die Erneuerung der Tugendlehre gehören auch zu meinen Versuchen, Spiritualität und Ethik nicht auseinanderfallen zu lassen. Ich sage dies in persönlichem Ton, um der persönlichen Note im »Kondensat« von H. St. Puhl zu entsprechen, aber auch, damit man die folgenden Äußerungen nicht einfach mit dem Gedanken abwehrt: hier redet ein quasi-säkularisierter Universitätstheologe, der sich weder in die Herkunft noch in die Praxis einer Opus-Dei-Spiritualität einfühlen kann.

Und dennoch sind die folgenden kritischen Punkte sehr spontan formuliert. An der Darstellung von H. St. Puhl gibt es vieles, was mich unmittelbar stört und zum Widerspruch herausfordert. Es mag sein, daß es manchen anderen Christinnen und Christen nicht so geht, weil sie vieles von dem, was H. St. Puhl schreibt, als konventionell katholisch lesen, so daß es auf sie eine eher beruhigende, ja vielleicht sogar einschläfernde Wirkung hat. Aber ich werde ja darstellen, warum ich beunruhigt bin.[1]

1 Anmerkung des Herausgebers: Die nachfolgende Stellungnahme zum Beitrag von Hans Stephan Puhl wurde diesem nicht mehr zu einer erneuten Erwiderung vorgelegt. Daß die Anfragen von Prof. Dietmar Mieth daher innerhalb dieses Buches unbeantwortet bleiben, hat mithin organisatorische Gründe. Die Diskussion wird an anderer Stelle fortzusetzen sein.

1. Spiritualität der Arbeit?

Mich beunruhigt die Gleichsetzung von tätigem Leben und Arbeiten. Mich beunruhigt, daß Jesus, der ja mit staunenswerten Kenntnissen als Lehrer auftrat, »dreißig Lebensjahre als Arbeiter« verbracht haben soll, wovon wir ja nichts wissen. Wir wissen nur, daß er als Sohn des Zimmermanns in seiner Heimat Schwierigkeiten hatte, als Prophet akzeptiert zu werden.

Arbeit soll sachgerecht, Feld der Bewährung der Tugenden und apostolisch sein, so H. St. Puhl. Aber ist »Arbeit« nicht auch ein Ort der Abhängigkeit, der Unterdrückung? Wird hier nicht »Arbeit« - ohne jede Deckung durch die heilige Schrift! - anthropologisch erst hochgestylt, um dann zentrale Bedeutung für die Spiritualität zu erlangen? Die Zeit des Modells »Mensch = Arbeiter« ist vorüber.[2] Es wird Zeit, daß wir hier unsere Konventionen (die aus dem 19. Jahrhundert stammen) überprüfen.

2. Allgemeine Berufung zur Heiligkeit

In der Tat hat das Zweite Vatikanische Konzil die »allgemeine Berufung zur Heiligkeit« betont. Es wirkte damit elitären Sondermodellen entgegen und versuchte, wenigstens anfangshaft, die Vorherrschaft eines am Mönchtum orientierten Vollkommenheitsmodells zu relativieren.

Aber Escrivá hat ja nun ein ziemlich esoterisches Werk begründet, das »Außenstehenden« nach Puhl als »Exoticum« und »absurd« erscheinen muß. Der Weg »mitten in der Welt« sollte ja nun gerade dadurch gekennzeichnet sein, daß man für das »Gewöhnliche« nicht noch einmal ungewöhnliche Direktiven braucht, zu der dann »Außenstehende keinen Zugang« haben. Wenn man Escrivá mit Gedanken des Konzils lobt, dann geht das nur, indem man gegen ihre Tendenz interpretiert. Es ist nicht schwer, das zu beweisen. Wenn beispielsweise sein Gefolgsmann Puhl von den Tugenden redet, dann fallen ihm nicht die weltbezogenen Kardinaltugenden wie Klugheit, Gerechtigkeit, Maß und Mut ein, sondern vorrangig die Mönchstugenden: Demut, Be-

2 Vgl. dazu: *D. Mieth*, Arbeit und Menschenwürde, Freiburg 1985.

scheidenheit (Armut), Gehorsam. Diese werden laikal ausgeformt und durch »Loyalität« ergänzt. Aber in der »Ausformung« steht dann auch nichts anderes, als was bei den Mönchsvätern schon steht. Es ist schon merkwürdig, wie eingeschränkt das vorgetragene Tugendmodell ist. Selbst wenn man hier die Unkenntnis des Autors in Rechnung stellt - wieso besteht eigentlich diese Unkenntnis in so grundlegenden Dingen? Wo ist die Spiritualität des Wissens im Opus Dei? Man komme hier nicht mit der heiligen Unwissenheit, denn diese muß eine gescheite sein: die *docta ignorantia* des Cusanus.

3. Leiden, Kreuz und Tod Jesu Christi

Christen und Christinnen haben Anteil an Leid, Kreuz und Tod Jesu Christi. Auf Christi Tod sind wir getauft, das Kreuz tragen wir fort, sein Leiden ergänzen wir. So legt es Paulus dar, und davon will ich keine Abstriche machen. Aber die Interpretation von H. St. Puhl halte ich für falsch, zumindest aber für unpräzis. Wenn sich Jesus »aus freiem Willen dem Leiden unterwarf«, wie wir liturgisch bekennen, dann ist das etwas ganz anderes als die freiwillige Wahl des Leidens, die Puhl hier unterstellt und aus der er dann Folgerungen für eine Spiritualität des Opfers, der Abtötung, der Sühne zu ziehen versucht. Jesus unterwirft sich - nach den Synoptikern nicht ohne um den Vorübergang des Leidens zu beten - dem Leiden, das ihm begegnet und das angesichts der Tatsache, daß sonst seine Botschaft infrage gestellt wäre, zu seinem Leben gehört. Das ist etwas ganz anderes als die Wahl einer Selbstzufügung von Leid. In diesem Sinn kann ich nur zustimmen: »Es wäre verheerend, wenn das Opus Dei sozusagen flächendeckend *die* Spiritualität der Christen bestimmen müßte«. Aber ich wiederhole diese Worte Puhls nicht mit ihrem elitären Tenor, sondern im Sinne eines Protestes.

Dieser Protest richtet sich auch darauf, daß Puhl von der »Glaubenspraxis« bzw. »theologischen Reflexion« ein Zerrbild gibt, wenn sie nicht mit dem Opus übereinstimmen, so zum Beispiel als werde die »menschliche Vermittlung« des göttlichen Heilswillens negiert, oder als werde der Amtskirche eine

»spirituelle Kirche« (und nicht vielmehr die Volks- und Gemeindekirche) gegenübergestellt.

4. Haben Außenstehende keinen Zugang?

Mit der Torheit des Kreuzes bei Paulus wird beim Opus fälschlicherweise Kritik wegerklärt. Wer nicht in der Torheit ist, kann sie mit keiner Weisheit verstehen. Außenstehende haben »keinen Zugang zum Verständnis dieser Spiritualität«. Nicht-Verstehen darf nicht zum Anlaß der Kritik werden. Wirklich nicht? Darf man auch nicht kritisieren, daß die Begründungen theologisch unverständlich sind? Wer über Ausdrücke wie »Abtötung« stolpert, »muß dies dann fehlinterpretieren«. Aber wie interpretiert der Insider? Wäre Abtötung leibfeindlich, so wäre Bedürfnislosigkeit unbedarft, so schließt Puhl rhetorisch effektvoll, aber logisch unzutreffend. Der entsprechende kritische Begriff gegenüber der Bedürfnislosigkeit wäre »Apathie«, Unberührbarkeit und Unbetreffbarkeit, Leidenschaftslosigkeit - alles zweideutige Begriffe in der Spiritualitätsgeschichte, die ja auch eine Ideologiegeschichte ist. Jeder, der sich mit Spiritualität befaßt, sollte über diese Ideologiegeschichte etwas wissen.

Das Opus verfolgt gegenüber der Kritik eine Immunisierungsstrategie. Die Würde höchster theologischer Kerngedanken - die freilich theologisch unpräzise erfaßt werden - wird bemüht, um daraus Spezialitäten zu folgern, die wiederum nur verstanden werden können, wenn man sich »für diesen Lebensweg« entschieden hat.

5. Gewissensfreiheit und Gewissenspraxis

Beim Opus Dei habe ich manchmal den Eindruck, man gehe davon aus, daß etwas auch Realität ist, wenn es nur verbal vorhanden ist. Das gilt beispielsweise von der Betonung der Gewissensfreiheit. Der Gründer spricht von der »Freiheit der Gewissen«. Damit ist die freie Einwilligung in die Pflichten des Lebensweges gemeint. Dazu gehört etwa der Gehorsam. Nun halte ich Freiheit und Gehorsam durchaus für vereinbar, wenn Gehorsam, ebenso wie die ihm entsprechende Autorität, antizipatorisch gemeint sind: vorausgehendes Tun, nachträgliche Einsicht. Aber dann gelten Autorität und Gehorsam wechselseitig, so wie zum Beispiel der Papst den Pflichten seines Amtes, etwa dem Hören auf das Gottesvolk, Gehorsam schuldet.

Einig bin ich mit Herrn Puhl darin, daß weder die Eigenständigkeit der Weltverantwortung durch die Kirche noch die Kirche selbst zu strategischen Zielen instrumentalisiert werden sollen. Aber wie sehr ist die »laikale Mentalität« im Opus gegen Instrumentalisierung geschützt, wenn sie so übereignet und anvertraut ist, daß das Beichtgespräch quasi an die Stelle der kommunikativen Aufarbeitung von Schuld im zwischenmenschlichen und innerweltlichen Bereich tritt? Beichtgespräch wöchentlich ohne jede Erwähnung der Bereinigung der Fehler im zwischenmenschlichen Bereich ist Überspringen der Wirklichkeit, platte Ideologie. Die Sprache des »wir dürfen in Anspruch nehmen« ist übrigens typisch für eine verdeckte Pflichtenbegründung. Das ist falsche Elternsprache und falsche Krankenschwesternsprache, in der eine Pflicht unter der Lockung der Erlaubnis verkauft wird.

Die folgende Äußerung hat mich besonders wegen ihrer unbeabsichtigten Stupidität aufgeregt: in einer Franco-Regierung arbeiteten Mitglieder des Opus Dei mit, während andere Mitglieder »Opfer der Willkür dieses Regimes wurden«. Ja, waren denn Regierung und Regime nicht miteinander in Zusammenhang? Waren hier die Mitglieder Täter und Opfer zugleich? Und ist dies ein Beispiel für »plurale und tolerante Gesinnung«? Das ist ja erschreckend! Entweder ist das Werk auf eine Weise apolitisch, die moralisch unter Hinweis auf die Kardinaltugenden und auf die Menschenrechte bzw. auf das Gewissen nicht mehr akzeptiert werden kann, oder das Werk verschleiert seine politische Einstellung hinter den abweichenden Einzelfällen, eine in der Kirche nicht unübliche Praxis. Im übrigen: wenn die Entscheidungsfreiheit der Christen ins Soziale und Politische abgeschoben, innerkirchlich aber durch Gehorsam und Loyalität reduziert wird, so kann ich mir das Soziale und Politische, das dabei favorisiert wird, mit einiger Phantasie vorstellen.

Wer Gewissensfreiheit will, muß eine Gewissenspraxis vorweisen, in welcher das Verhältnis von geistlichem Gängelband und weltlicher Sachneutralität nicht so bestimmt wird, wie das im Opus geschieht.

6. »Mit immer mehr Liebe«

Wer wäre da nicht einverstanden. Glaubhaft ist nur die Liebe. Liebe und dann geh hin und tu, was du dann willst. Die Liebe ist der Inbegriff christlichen Lebens.

Aber die Liebe besteht nicht aus ihrer pathetischen Deklaration, sondern aus lauter Einzelheiten. Puhl sagt aber, daß sich das Mehr an Liebe »kaum schildern« lasse. Aber doch soll es »in jeder Lebenslage« sein. Da muß doch etwas mehr aussagbar sein als »lächelnde Askese«. Ansonsten höre ich von der Sachgerechtigkeit und vom Apostolat. Mit besonderem Interesse verfolge ich daher den letzten Punkt des Beitrags von Herrn Puhl: »Wir lieben diese Welt leidenschaftlich, und zwar so wie sie ist.« Ich liebe diese Welt, aber weder leidenschaftlich noch so, wie sie ist. »Die Welt leidenschaftlich lieben« ist Predigtsprache des Gründers, Rhetorik. Nichts gegen Rhetorik, aber was kann man dahinter real erfassen, mit Händen greifen? Ich habe schon in der Diskussion der Tagung gesagt, ich möchte wissen, wem ich diene, wenn ich dem Himmelreiche diene. Man muß das, was wir anstreben und tun, in greifbarer Sprache ausdrücken, so wie Jesus dies auch ausgedrückt hat. Darüber lese ich bei Puhl nichts. Wenn es nicht über Selbstheiligung geht, wird die Sprache inhaltsleer und blaß: das Apostolat ist eine formale Aufgabe, die Selbstheiligung eine inhaltliche. Wie kann das sein, wenn wir in der Welt und durch die Welt heiligen wollen? Hat das Opus nur religiöse Inhalte des Apostolates? Wie umschreibt es die Ziele seines humanitären, seines pädagogischen Einsatzes? Hier bleibt das Papier papieren, oder die Sachen sind geheim. Ich möchte das Opus herausfordern, offen zu sagen, was »immer mehr Liebe« heißt. Es ist ja nicht so, daß ich, wenn ich Gott anerkenne, weiß, was die Liebe ist. Sondern ich muß auch etwas über die Liebe (und die Gerechtigkeit) wissen, wenn ich wissen will, was es heißt, wenn ich »Gott« sage.

Sturmius-M. Wittschier

Wenn das göttliche Wirken zum »Opus Dei« wird. Tiefenpsychologische Betrachtungen einer Diktatur des Ideals

In der Zeitschrift »Aufbruch« (November 1990) sind auf Seite 9 Zitate aus dem Buch des Opus-Dei-Gründers Escrivá de Balaguer *Der Weg* unter folgenden Stichworten gesammelt: Führerideologie / Elitebewußtsein / Missionarisches Sendungsbewußtsein / Kadavergehorsam / Totalitarismus / Martialischer Männlichkeitskult / Konstitutive Dialogunfähigkeit / Geheimhaltestrategie / Absolute Papst- und Kirchentreue / Klerikalismus / Masochistische Kreuzes-Mystik / Pathologische Leidensspiritualität / Selbstverachtung / Lust- und Leibfeindlichkeit / Ehe als Fortpflanzungsinstitut für die Masse.

Und die Überschrift lautet: »Eine Mischung von autoritär-faschistischem Gedankengut und fanatischem Elitekatholizismus«. - Eine Zitatenkollage im Gewand offener Kritik.

Aber: Es genügt nicht, auf die anderen, hier die Vertreter des Opus Dei, zu zeigen. Denn, was da an Grundhaltung entgegenschimmert, das kennen wir irgendwie - zumindest analog - auch aus unserem Leben, besonders dann, wenn wir »gut katholisch« oder »streng protestantisch« groß geworden sind. (Das hat Eugen Drewermann in seinem Buch *Kleriker* nochmals unüberhörbar gemacht.) Und je mehr wir diese Grundhaltung nicht in uns selber wahrzunehmen geneigt sind, desto mehr werden wir sie in anderen verteufeln. Ich umschreibe diese Grundhaltung als eine »Diktatur des Ideals« und spreche von einem »Opus-Dei-Anteil« unseres Lebens.

Ich sage »Opus-Dei-Anteil«, vor allem weil der *Name* das Grundproblem deutlich macht: Ein Werk von Menschen wird als »Werk Gottes« als »Opus Dei« ausgegeben; und diese »theonome Legitimierung« macht die Grundstruktur dieses Werkes gegen alle Angriffe und Nachforschungen immun, weil ja jetzt alles (wie etwa Zwang, Unnachgiebigkeit, Unverschämtheit oder Geheimhaltung, Selbstverachtung usw.) als »heilig«, gottgewollt deklariert werden kann. Aber ich will auch *pro-vozieren*, das heißt: zum Nachdenken *hervor-rufen*.

Denn wir erleben, daß am soziologischen Gebilde »Opus Dei« nichts greifbar und nichts angreifbar wird bzw. werden soll. Die Vertreter des Opus Dei stellen alles als ganz »normal christlich-katholisch« dar. Und eben das gehört fundamental zur »Diktatur des Ideals«: der das Leben letztlich be- oder gar verhindernde Druck oder Zwang wird als »normal« empfunden bzw. als »heiliger Zwang«[1] verehrt, so daß der Außenstehende ohnmächtig, wütend oder ratlos bleibt; es sei denn, er hat, wie etwa Peter Hertel[2], genaueste Informationen gesammelt. Und was mache ich als Psychoanalytiker?

Als Psychoanalytiker möchte ich das Leiden im einzelnen wie im Kollektiven anschaubarer, erträglicher und, wenn möglich, geringer werden lassen. Deshalb werde ich jetzt an einem »ganz normalen« Schicksal einer deutschen Frau und ihrer zweijährigen Therapie dem Phänomen der »Diktatur eines Ideals« oder dem »Opus-Dei-Anteil« nachgehen.[3]

Ich lade alle Menschen guten Willens herzlich ein, Diktatorisches, Zwanghaftes (vor allem wenn es religiös sanktioniert erscheint) *in uns* zu entdecken und aufzuweichen.

Ich stelle jedem Kapitel Kollagen von Zitaten des Opus-Dei-Gründers aus *Der Weg* voran. Ich weiß, daß ich sie aus ihrem Kontext herausnehme und damit auch ihrer Gattung (etwa einer zugespitzten Rhetorik, zum Teil in Nachahmung des Paulus-Stils) nicht ganz gerecht werde. Für mich als Psychoanalytiker, der ich Texte immer auch als Ausdruck des Innerseelischen lese, sind sie aber in ihrer *Gesamtheit* eine Analogie zur zwanghaften Seelengrammatik jener Frau, deren Schicksal hier zur Sprache

1 *J. Escrivá de Balaguer*, Der Weg, Köln [11]1983, Nr. 387.

2 Siehe die Beiträge von *P. Hertel* in diesem Band.

3 Vgl. auch *S.-M. Wittschier*, »Opus Dei« in uns. Psychogramm einer kollektiven Zwangsstruktur, in: Opus Dei - Stoßtrupp Gottes oder »Heilige Mafia«? Macht und Einfluß des Opus Dei in der Schweiz und anderswo, hg. v. der Paulus-Akademie Zürich, Zürich 1992. Im hier vorgelegten Beitrag behalte ich zwar die individuelle Fall-Geschichte als roten Faden bei, kürze sie aber, bette sie in einen anderen Rahmen und füge Neues, vor allem das VI. Kapitel, hinzu.

kommen soll. Und je mehr sich die Frau vom Zwang lösen kann, desto mehr erscheinen die Opus-Dei-Texte im Widerspruch zu dem, was die Frau zu leben beginnt.

1. Tollwütiger Fuchs und peinlichst aufgeräumter Schlafzimmerschrank. Christine Friedemann kommt in die Analyse

»Sei unnachgiebig in der Lehre und in deiner Lebensführung. - Aber sei konziliant in der Form. - Eine mächtige stählerne Keule in einem gepolsterten Futteral.« (*Der Weg*, 397)

»Die Ebene jener Heiligkeit, die der Herr von uns erwartet, ist durch diese drei Punkte zu bestimmen: heilige Unnachgiebigkeit, heiliger Zwang und heilige Unverschämtheit.« (387)

»Entschuldige dich liebenswürdig, wie es christliche Nächstenliebe und gesellschaftlicher Umgang erfordern. - Aber dann vorwärts! Mit heiliger Unverschämtheit, ohne dich aufzuhalten, bis deine Pflicht ganz und gar erfüllt ist.« (44)

»Stähle deinen Willen, vermännliche deinen Willen: er soll mit der Gnade Gottes ein stählerner Sporn sein. Nur wenn du über einen starken Willen verfügst, wirst du ihn aufgeben können, um zu gehorchen.« (615)

Es schellt. Ich öffne. Eine Frau um die 45 steht vor mir. »Guten Tag, Frau Friedemann.« »Guten Tag, störe ich? Es ist noch nicht ganz 14 Uhr.« »Aber so gut wie«, sage ich. »Ich sagte Ihnen ja am Telefon, daß Sie ruhig schellen könnten, wenn Sie da sind, weil ja keiner vor Ihnen bei mir ist.« Erleichterndes Atmen. Im Analysezimmer lasse ich meine Besucherin unter den drei Sitzgelegenheiten wählen. »Soll ich wirklich wählen. Wo sitzen Sie denn?« Ich: »Sie dürfen ruhig wählen.« Mit einem: »Ja, dann gehe ich hierhin« setzt sie sich auf den geraden Stuhl, ich auf das gegenüberstehende Sofa; der gemütliche Lehnsessel bleibt leer.

Sie müsse jetzt mit jemandem reden. Sie schlafe schlecht, habe ständig Schmerzen im Rücken. Ihr Mann werfe ihr vor, daß sie den Haushalt vernachlässige. Dabei sei sie sonst schon fleißig, bemühe sich zumindest. Aber immer komme was dazwischen. Vor allem Leute aus der Gemeinde. Die wollten dies oder jenes. Aber auch nichts Richtiges. Und ihren beiden Kindern, 20 und

22, könne sie es auch nicht recht machen. Der Junge verlange von ihr, daß sie ihm die Turnsachen von heute auf morgen wieder wasche. Sie habe ja ihre Kinder gerne. Aber so schnell könne sie das nun auch nicht. Und die Tochter nehme ihr die Pralinen oder Schokolade, die sie geschenkt bekommen habe, aus ihrem Schlafzimmer und auch die Tampons. Sie habe ja nichts dagegen, wenn sie nur nichts durcheinander brächte; sie könne im Dunklen die Sachen im Schrank finden; sie habe das gerne, diese Übersicht; aber wenn die Tampons oder die Schokolade zuende seien, dann sollte die Tochter es doch wenigstens sagen. Ich frage: »Ihre Tochter darf an ihre privaten Sachen gehen?« »Ja, warum denn nicht. Ich habe sie doch gern. Und eine Mutter muß das doch können.« Sie könne so nicht mehr weiter.

In den nächsten Stunden kommen wir dann auf die Mutter von ihr zu sprechen: »Ja, sie ist gut katholisch gewesen und hat mich auch so erzogen. Aber sie war sehr streng mit uns Kindern. Und ich wollte das nicht mehr so machen. Meine Großmutter mütterlicherseits war genau das Gegenteil. Sie war sehr fromm. Sie ging täglich in die Messe und mindestens einmal in der Woche zur Beichte. Mein Vater ist gefallen, kurz bevor ich auf die Welt kam. Und meine Mutter mußte hart arbeiten, um meine beiden älteren Brüder und mich nach dem Krieg durchzukriegen. Sie hat nie mehr geheiratet. Sie wollte ihrem Mann treu bleiben, das hat sie ihm auch noch beim letzten Sehen gesagt (hat sie mir erzählt). Und plötzlich ist sie dann in Tränen ausgebrochen. Und wußte gar nicht warum. Ich hab sie nie vorher weinen gesehen. Damals war ich 16; und sie wollte mich vor den Männern warnen, die ja immer nur das Gleiche wollten.«

Christine kratzt sich am Handrücken. Da sind kleine Krusten, unter denen jetzt rote Haut erscheint. Ich spreche sie darauf an: »Haben Sie sich verletzt?« »Ja, ich verbrenne mich immer wieder. Ich kann es schon gar nicht mehr zählen: am Ofen, mit Zigaretten, beim Anzünden der Kerzen. Und manchmal gibt es eben kleine Wunden mit Krüstchen.« Ich bin erschrocken und spiegele dies wohl im Gesicht. Sie: »Ja, mich erschrickt das auch. Mein Mann schimpft dann los, ob ich denn nicht aufpassen könnte. Und ich fühle mich so ohnmächtig.« Wir schweigen eine gute Weile gemeinsam ...

In einer der nächsten Stunden erzählt Christine: »Ich hab nämlich immer wieder einen Traum, der sich leicht verändert: Erst war es ein tollwütiger Fuchs, der mich beißen wollte. Mich ekelte schon bei dem Gedanken, der könnte mich berühren. Aber dann hat er mich gebissen. Ich rannte in Panik umher. Schrie nach einem Arzt. Rannte zu meinem Hausarzt in der Siedlung. Der war gerade auf Visite. Zum anderen, der hatte einen Operationstermin. Es war wahnsinnig. In manchen Träumen war es ein anderes Tier: ein Wolf vielleicht, eine Schlange oder so etwas ähnliches. Aber meist ein tollwütiges Tier; und diese Panik, keinen Arzt finden zu können.«

1.1. Reflexion

1.1.1 Das Erscheinen des tollwütigen Tieres: Anlaß zur Freude

Ich dachte an das andere Extrem zum tollwütigen Tier: den zwanghaft aufgeräumten Schrank, wo sich Christine im Dunklen zurechtfinden möchte (das hervorstechende Symbol einer »Diktatur des Ideals«), an die sehr beichtfreudige Großmutter, die innerlich alles extrem aufräumen wollte; an die strenge Mutter, die ihre Kinder wohl sehr sauber, vielleicht viel zu sauber erzogen hat; und an den gewählten geraden Stuhl. Das Bild vom tollwütigen Tier ließ mich auch fragen nach unbewußter, untergründiger Wut, Wut gegen sich selbst (sichtbar jetzt auch in den Verbrennungen und Kratzwunden), Wut gegen die Kinder, vielleicht auch gegen die Mutter, die Männer.

Aber der Traum stimmte mich froh. Denn die natürliche Gegenstimme zum Zwanghaften macht sich hör- und sichtbar, nämlich im Tier. Sie erscheint hier allerdings noch ganz furcht- und ekelerregend verzerrt: als Tollwut, als reines Gift, angesichts dessen keine Heilung zu bestehen scheint. Als »losgelassene Sinnlichkeit, ja geradezu als Verblödung« beschimpft der Opus-Dei-Gründer 1959 in einem Brief den Liberalismus.[4] In der

4 Zitiert bei *P. Hertel*, Für eine offene Kirche, Oberursel 1990, 19.

Tat: Das Liberale, das Befreiende erscheint dem Zwanghaften als losgelassenes, tollwütiges, blödes Tier. Aber Christines Traum ruft schon nach dem Arzt und stellt das Zwanghafte in seiner selbstverständlichen Überherrschaft langsam in Frage. Wirklicher Anlaß zur Freude.

1.1.2 Zwanghaftes als allgemeines Phänomen

In jedem Menschen gibt es die Spannung von natürlicher Wildheit und natürlicher Fügung. Meist ist diese Spannung aber verspannt. Dann wird die Wildheit zur Tollwut und die Fügung zum Zwang. Das Verrückte aber ist: *Je mehr Zwang (bis dahin, daß wir ihn als normal empfinden), desto härter gehen wir mit uns und den anderen um, und desto schlimmer tobt untergründig die Tollwut, die dann aber wieder um so rigider unterdrückt werden muß. Das ist das Zwangsphänomen.*

Wird die Tollwut befreit und als Wildheit zugelassen, geht auch der Zwang zurück und Einzug hält die Fügung: Der Mensch wird heiler.

Es gibt auch das umgekehrte Phänomen: Wenn die Wildheit zur offenen Tollwut wird: Dann tobt eben jemand in der Gegend herum, kennt keine Grenzen, keine Scham. Bei ihm wird jede Fügung sofort negativ bewertet und als »Zwang« abgedrängt; um so mehr ist sie gerade untergründig am Werk: indem beispielsweise jemand genau zählt und Buch führt, wieviel Leute er an einem Tag oder in einer Woche »angeschissen« oder »vernascht« hat.

Der tollwütige Mensch kommt in der Regel mit der öffentlichen Ordnung in Konflikt bzw. wird schneller hospitalisiert als der zwanghafte. Denn: Zwang ist gesellschaftsfähiger.

Christine leidet unter dem Zwanghaften, schwankt aber schon zwischen Zwang und Tollwut hin und her, was einen Heilungsprozeß ankündigt.

1.1.3 Die Steigerung des Zwanghaften im Religiösen

Das allgemeine Zwangsproblem erhält nun im Religiösen eine besondere Zuspitzung. Nach Helmut Harks Umfrage sind 73% der an Zwangsproblematik Leidenden religiös erzogen worden und wollen auch ihre Kinder religiös erziehen.[5] Das hat u. a. darin seinen Grund, daß im Religiösen der Zwang »gottgewollt«, das heißt von einer absoluten, dem Menschen entzogenen Instanz abgesegnet werden kann. Das Problem wird in die Transzendenz hineindelegiert. Gott will es ja so -, und ich brauche mich dann ja nicht zu verändern.

1.1.4 Individuelle und kollektive Zwangstruktur und ihr gegenseitiges Sich-Verstärken

Das, was sich in der Einzelseele jedes Menschen abspielt, hat seine Entprechung in der kollektiven Wirklichkeit von Gruppen, wie auch umgekehrt. Der kollektive Gruppenkampf (wie offen oder geheim er sich ausnimmt) zwischen bürgerlicher Ordnung und alternativem Aussteigen, (bzw. zwischen Opus Dei/»Integralismus« und dem »Liberalismus«/»wilden« Basisgruppen) wird immer auch im einzelnen ausgetragen; und umgekehrt speist dieser persönliche Austrag den kollektiven. Ja, es kommt zu einer gegenseitigen Verstärkung von individuellem und kollektivem Austrag. Das ist zwar bei allen Problemen so, nur hier bei unserem Thema des Zwanges übermächtig: Wenn einer dem Zwang eines Kollektivs entkommen will, dann stürzen sich deren Vertreter hinter dem Flüchtenden her, binden ihn um so fester ein, um so auch ihre Angst zu bannen, »es könnte ja alles nicht (so) richtig sein mit dem System«. Kein Typos bedarf so sehr des Kollektivs wie der zwanghafte. Und kein Kollektiv saugt den einzelnen so aus und an, wie gerade das zwanghafte. Zwang ist das kollektivste aller Phänome und wird als »normal« geduldet.[6]

1.1.5 Gibt es eine Hilfe zur Lösung?

Die Grundvoraussetzung zur Befreiung ist die Erkenntnis, wie sehr der Zwang uns im Nacken drückt; wie sehr wir uns selbst mit »mächtig stählerner Keule« malträtieren, diese aber immer wieder schnell ins »gepolsterte Futteral« zurückstecken; wie sehr

5 *H. Hark*, Religiöse Neurosen. Ursachen und Heilung, Stuttgart[2] 1988, 78-88, 280.

6 Näheres bei *St. Mentzos*, Neurotische Konfliktverarbeitung, München 1982, 159-165; *F. Riemann*, Grundformen der Angst. Eine tiefenpsychologische Studie, München [13]1978, 105-155; H. Hark, a.a.O., 78-88.

wir leiden, welche ungeheuere Wut in uns hockt und wie sehr wir die wilde Seite in uns unterdrücken. Keine Macht in der Welt und selbst nicht das Göttliche vermag uns zu dieser Erkenntnis zu zwingen. Deshalb gehört zu dieser Erkenntnis so viel Mut und das, was ich Lebensspiel-Begeisterung oder Forscherdrang nennen möchte. Das ganze Unternehmen erweist sich so schwierig wie der Auszug aus Ägypten: Wie vieler Anläufe, wie vieler Plagen bedurfte es, bis der entscheidende erste Schritt getan werden konnte.

2. Aschenputtel, Kehrichteimer und Welteroberung
Warum Christine Ministerin werden will

»Vergiß nicht, was du bist ..., ein Kehrichteimer. [...] Demütige dich: weißt du nicht, daß du ein Eimer für Abfälle bist?« (*Der Weg*, 592)

»Du bist schmutziger, herabgefallener Staub.« (599)

»Wenn deine Demut dich dahin bringt, dich als Unrat, als einen Haufen Unrat zu erkennen, können wir aus all deiner Erbärmlichkeit noch etwas Großes machen.« (605)

Dutzendmensch werden? Du ... zum großen Haufen gehören, der du zur Führung geboren bist?« (16)

Christine bringt einen Traum, in dem sie Ministerin geworden ist und hohe Ehrungen empfangen hat. Sie erzählt dann über ihren ursprünglichen Wunsch, als Dozentin an die Universität zu gehen, worauf sie eben um der Familie willen hätte verzichten müssen, was in ihr aber um so mehr gearbeitet hätte. Und plötzlich: »Ich bin ja auch nichts Besseres wert. Ich bin eben das Aschenputtel.« In einem Monodrama[7] lasse ich Christine diese innere Stimme spielen, die so in ihr ständig spricht. Und dabei kommt die Mutterstimme zutage: »Gott hat mich mit dir gestraft. Womit habe ich das verdient.« Und die Vaterstimme: »Arbeite erst einmal. Bisher hast du nur gekostet.«

7 »Monodrama« ist ein Psychodrama mit nur einer Person und Leiter.

2.1. Reflexion

Es ist allzu verständlich, wenn der Traum diese ständige Ich-Verletzung, diese Ich-Erniedrigung durch die innere Stimme »kompensiert« durch Größenphantasien. Auch das bedeutet die »Diktatur des Ideals« oder der »Opus-Dei-Anteil« in uns: Der einzelne soll sich zum »Kehrichteimer«, zum »schmutzigen Staub«, zu einem »Haufen Unrat«, zum Aschenputtel erniedrigen (lassen); aber um so mehr wird diese menschenentwürdigende Verletzung kompensiert in den Größenphantasien wie: Minister-Herrschaft, Welt-Eroberung, Vergöttlichung des (Lebens-) Werkes; oder/und es wird kompensiert in der Lebensführung: Wenn ich schon nichts wert bin, dann aber das Werk (das individuelle: etwa mein Schrank, meine Veröffentlichungen usw. oder die Gruppe: etwa die Kirche, das Opus Dei), welches dann »etwas Großes« aus mir macht.

Die im Traum erscheinende Kompensation ist Ausdruck eines Selbstheilungswillens und Anlaß dazu, humorvoll und kreativ mit solchen Phantasien umzugehen. So malt sich Christine als Ministerin - mit einem ganz großen knallroten Hut und einer langen zarten Feder daran.

Nach den Ferien kommt Christine und erzählt: Sie habe zum ersten Mal ihren Schlafzimmer-Doppelschrank ganz bewußt aufgemacht, sich davor gestellt und sich gefragt: Warum eigentlich dieser Aufwand. Ihr seien Gespräche mit Freundinnen in den Sinn gekommen, wo diese von ihr als »überkorrekter« Frau gesprochen hätten. Sie habe das als höchstes Lob gehört. Jetzt habe sie Zweifel. Es könne ja auch negativ gemeint sein. - Schweigen. Kein Wunder: Nach ihrem kreativen Umgang mit dem Ministerin-Traum konnte Christine der Ersatzcharakter des Kleiderschrank-Werkes zum erstenmal bewußt werden. Christine spürt eine erste Ahnung, daß sie auch ohne ihr »Werk« wertvoll sein darf.

3. Feuerwunden, Marathon und Stachelband
Warum Christine sich Schmerz zufügt

»Gesegnet sei der Schmerz. - Geliebt sei der Schmerz. Geheiligt sei der Schmerz ... Verherrlicht sei der Schmerz!« (*Der Weg*, 208)

»Wir wollen in dem armen gegenwärtigen Leben den Leidenskelch bis zum letzten Tropfen leeren. - Was bedeuten zehn, zwanzig oder fünfzig Jahre Leid ..., wenn dann die Herrlichkeit kommt, für immer, für immer ..., für immer?« (182)

»Verachtet und verfolgt sein sind sichere Zeichen göttlicher Auserwählung.« (959)

»Ich nenne dir die wahren Schätze des Menschen auf dieser Erde, damit du sie dir nicht entgehen läßt: Hunger, Durst, Hitze, Kälte, Schmerz, Schande, Armut, Einsamkeit, Verrat, Verleumdung, Gefängnis ...« (194)

»Wenn du begriffen hast, daß der Leib dein Feind und Feind der Verherrlichung Gottes ist, weil er deine Heiligung bedroht, warum faßt du ihn dann so weich an?« (227)

In die nächste Stunde kommt Christine sehr durchweicht. Vor den Ferien waren wir durch einen Zeitungsartikel und eine Fernsehsendung auf das umstrittene Opus Dei zu sprechen gekommen. Christine meint: »Ja, und dann habe ich meinem Mann das mit den Schmerzbändern und dem Schlagen erzählt. Der war völlig baff. Er hat das nicht glauben wollen. Und ich hab ihm dann gesagt, weiß du, du mit deinem Marathonlaufen und Training. Ist doch auch ein Sich-Abquälen. Davon wollte er nichts wissen. Das ist rein zum Vergnügen, hat er gesagt. Und ich meinte dann: Du hast mir selbst einmal gesagt, du brauchst das, mit dem Rennen, das sei wie Alkohol. Ja, hat er gemeint, da hatte ich eine schlechte Phase. Er mache ja nicht den Blödsinn von Triathlon und jetzt Marathon. Grenzen müsse es ja auch geben.« Schweigen.

Plötzlich: »Weißt du, ich hab das beobachtet. Ich habe mich in den letzten zwei Wochen nicht mehr verbrannt.« - Das war ein Gefühl in mir, wie wenn ein Kind etwas ganz ganz Schönes erlebt hat und es erzählt. Ich merkte, daß ich Tränen in den Augen hatte und drückte meine Freude aus.

3.1. Reflexion

Körperliches Sich-Quälen ist ein ganz weit verbreitetes Phänomen. An den viel diskutierten Schmerzbändern und dem Sich-Schlagen von Opus-Dei-Mitgliedern wird, wie in einer Spitze sichtbar, was jeden von uns betrifft. Christines Beispiel zeigt: Das Sich-selbst-Züchtigen geschieht oft unbewußt. Ob bewußt oder unbewußt: Es ist die Reaktion auf einen ungeheueren Leidensdruck; aber dieser überschwemmt uns im Unbewußten. Ich versuche zu veranschaulichen: Eine von Migräne immer wieder überfallene Freundin hat mir einmal gesagt: Sie wünschte, sich ein Reißbrettstift in den Kopf zu schlagen, um den diffus-unerträglichen Schmerz der Migräne zu ertragen. Der Migräneschmerz ist hier der unerträgliche Schmerz im Unbewußten. Und wenn der uns überschwemmt, schreit es in uns nach einem Gegenschmerz im Bewußtsein: den selbst zugefügten Reißbrettstift-Schmerz (oder die Flagellatio, das Schmerzband oder jedwede Kasteiung).

Als Menschenfreund gibt es für mich keine Wahl: Ein Sich-Schmerz-Zufügen ist ein Ausdruck von bereits bestehender Verletzung, Erkrankung oder/und selbst weiter kränkend, krankmachend. Wir sind nicht zum Leid bestimmt, sondern zur Freude. Wohl müssen wir das Leid wie ein bitteres Koan, wie ein nie aufgehendes Rätselwort immer wieder kauen.

Vor allem aber: Sich bewußt oder unbewußt Schmerzen zufügen rührt auch aus dem ganz tief liegenden Erlebnis, sich selbst nicht als Leib spüren zu können. Die Sinnlichkeit ist gestört und damit die Menschlichkeit. Der »Leib dein Feind« - eine solche Sicht ist für mich wiederum Ausdruck einer tiefen Verletzung, Kränkung und weiter krankmachend.

Ich habe das Thema Sinnlichkeit auch mit Christine einmal angesprochen. Und sie gestand, daß es mit der Zärtlichkeit und Leidenschaft zwischen ihr und ihrem Mann wahrhaftig nicht gut bestellt ist - und auch nie so richtig war. Schlagen wollte sie ihre Kinder ja nicht, aber so knubbeln, wie sie das vor kurzem noch bei einer Freundin, genauer, bei deren Mann, gesehen und doch komisch fand, habe sie nie gekonnt. Eigentlich habe sie ihrem

Mann meist etwas vorgespielt, daß es »schön« gewesen sei im Bett. Genießen? Nein, nie so richtig. »Ich bin ja keine Feministin, aber manchmal wünschte ich mir ein eigenes Schlafzimmer. Oder ...« Pause.

Ich sage: »Oder eine ganz heiße Nacht, wo du dich und deinen Partner rundum spüren darfst und kannst.«

Sie: »Woher weißt du das?«

Ich: »Wenn du dich so viel verbrennen mußtest.« Wir mußten beide herzhaft lachen.

Ich sage: »Ein Sich-Schmerz-Zufügen ist ein Symptom, das uns zeigen kann, was uns ganz innen wehtut und was uns fehlt, was uns gut tun könnte.«

Beim nächsten Mal bringt sie völlig überraschend den Jesusspruch: »Ich bin gekommen, um Feuer zu bringen, und ich will, daß es brenne.« Sie lächelt verschmitzt und zugleich schamhaft: »Es war schön. - Ich habe mich nicht wiedererkannt«.

4. Eltern-Klemme und Gewissens-Fleischwolf
Wie Christine beim Exodus scheitert

»Dank, mein Gott, für die Liebe zum Papst, die Du mir ins Herz gelegt hast.« (*Der Weg*, 573)

»Gott lieben und den Priester nicht verehren ..., das gibt es nicht.« (74)

»Den Vorgesetzten blindlings [ciegamente] gehorchen ..., Weg der Heiligkeit [...], der einzige Weg; denn in einem Werk Gottes muß dies der Geist sein: daß man gehorcht oder geht.« (941)

»Gehorcht, wie ein Werkzeug in der Hand des Künstlers gehorcht, das nicht danach fragt, warum es dies oder jenes tut. Seid überzeugt, daß man euch nie etwas auftragen wird, das nicht gut ist und nicht zur Ehre Gottes gereicht.« (617)

»Ein Leiter. - Du brauchst ihn. - Um dich hinzugeben, um dich zu verschenken ..., im Gehorsam. - Ein Leiter, der [...] weiß, was Gott will.« (62)

»Sei Kind. - Noch mehr Kind. - Aber komme mir nicht in die 'Pubertätsjahre'.« (858)

»Sei klein, sehr klein. - Sei nicht älter als zwei, höchstens drei Jahre.« (868)

»Suche nicht ein Erwachsener zu sein. - Kind, immer Kind, auch wenn du vor Alter umfällst.« (870)

»Die geistliche Kindschaft fordert die Unterwerfung des Verstandes. Das ist schwerer als die Unterwerfung des Willens.« (856)

»Kinder nennen nichts ihr eigen, alles gehört ihren Eltern.« (867)

»Wenn du wirklich ein Kind bist, bist du allmächtig.« (863)

Das mit dem Feuer war vielleicht für Christine zu früh des Guten. Denn in der nächsten Stunde ist sie ob eines Traumes beunruhigt: »Ich bin in einem dunklen Gewölbe-Raum, wie in einer verkommenen großen Krypta. Es ist Krieg. Als ich die Treppe hoch gehe in den oberen Raum (es ist eine Art leere Verkaufshalle), kommen mir meine Eltern hastig entgegen und winken, ich solle zurück, der nächste Bombenalarm sei ausgelöst. Ich hatte nichts davon gehört und gehe, wenn auch etwas unsicher und hastig, hinaus auf den Hof, der mit Mauern eingezäunt ist, um mich zu vergewissern. Dort sind Parkplätze. Mein Wagen steht in der Ecke, und ein anderer Wagen ist ihm so ins Heck hinein, daß ich ihn trotz vieler Versuche nicht herausbekomme. Er ist festgerammt. Der andere Wagen ist der Wagen meines Mannes, den wir bei der Hochzeit von den Eltern übernommen haben. Meine Mutter ist drinnen geblieben in der Halle. Aber mein Vater kommt hinter mir her und stellt sich hinter meinen Wagen, so daß ich ihn, selbst wenn ich herauskäme, überfahren müßte.«

4.2. Reflexion

In der Seele von Christine regt sich die Möglichkeit eines Ausbruchs aus dem (kirchlichen) Zwang und dem Klein-Gehalten-Werden. Aber so leicht geht das nicht. Es ist Kriegssituation. Sehr starke Bedrohung von oben. Die inneren Eltern, Mutter-Kirche, Vater-Papst (eigentlich schon, wie Krypta und Halle, als überholt und leer empfunden) warnen, ja, setzen das Ich, das Auto, die Pferdestärken fest, auch vermittelt durch den Ehemann. Ausweichen würde nichts nützen. Warum, weil die Gewissensbisse oder -einklemmungen jetzt einsetzen. Wer sich aus dem Gefängnis des Zwangs (meist verbunden mit einer »frei«-gewählten Infantilität, das heißt einer extremen Bindung an Elternfiguren) zu befreien versucht, dem geht es so wie Israel mit den Streitwagen des Pharao und Christine im Spiel: Sie wird von den Opus-Kräften eingeholt. Und das Schicksal eines solchen Menschen ist schlimmer als zuvor. Er wird im wahrsten Sinne des Wortes »zwischengenommen«. Und dabei sind die Stimmen aus der Gemeinschaft nur deshalb so wirksam, weil sie genau den inneren Stimmen entsprechen. Dieser Tortur sind nicht nur Mitglieder in Zwangskollektiven ausgesetzt, sondern immer auch die Kinder durch innerlich [!] rigide Eltern und Erzieher, die meinen, dem Kind sei »nichts eigen«; dann aber auch jeder Erwachsene, der, um zu überleben, die rigiden Elternbilder verinnerlicht hat und deshalb ganz besonders dahin neigt, sich kollektiven Systemen zu überlassen.

Diese kon-zertierenden Stimmen klingen etwa so: »Du kannst uns doch nicht verlassen: Vater und Mutter haben dich gut katholisch erzogen. Deine Mutter ist eine fromme Frau. Höre, höre auf uns, dich wird der Teufel verfolgen. Die Strafe wird furchtbar sein. Es wird Bomben auf dich hageln. Der Weg, den du jetzt mit uns gehst, ist der einzig wahre. Wenn du weggehst, dann bist du eigentlich nichts mehr - und völlig allein. Schau mal: ist das nicht herrlich, dieser aufgeräumte Lebensschrank: diese Klarheit, diese Ordnung, dein Lebenssinn. Und du willst alles durcheinander bringen, alle reine Wäsche besudeln. Dein bisheriges Lebenswerk zusammenkrachen lassen. Dein Schrank wird dich dabei erschlagen. Der Fluch Gottes wird dich treffen.« - So oder ähnlich raunen die »Gewissensstimmen« in uns und außerhalb von uns - und nicht zuletzt wohl auch in Menschen, die sich von der gesellschaftlichen Größe »Opus Dei« gelöst haben oder lösen wollten.

Was sich hier abspielt, ist letztlich eine Tortur, ein Terror. Und Christine hat immer wieder gräßliche Tagträume: Sie soll in einen riesigen Fleischwolf geworfen werden, in dem die menschlichen Leiber langsam bei lebendigem Leib untergehen. Sie soll hinter anderen hineinkommen. Und sie betet, daß sie mit dem Kopf zuerst hineingerät, damit sie sofort tot ist.

Es ist die Tortur eines Menschen, der sich von Zwang und Infantilität befreien will. Noch einmal wird deutlich, warum angesichts solcher Schmerzüberflutung im Unbewußten auf der bewußten Ebene der lindernde Gegenschmerz gesucht wird: in Brandwunden, Marathon und Schmerzbändern.

Allerdings: In dieser Phase der Therapie darf für Christine die Realität der unbewußten Tortur ins Bewußtsein kommen. Endlich. Und bei allem Erschrecken zeigt sie beim Erzählen eine entspannte Haltung. Es ist ein weiterer Heilungsschritt.

5. Macht, Geld und Kommunismus
Warum Christine sich selbst und ihre Kinder betrügt

»Der Krieg ist das größte Hindernis für einen bequemen Weg. - Aber schließlich werden wir ihn lieben müssen wie ein Mönch seine Bußgeißeln.« (*Der Weg*, 311)

»Offenbare nicht ohne Grund das Vertrauliche deines Apostolates: Siehst du nicht, daß die Welt voll egoistischer Verständnislosigkeit ist?« (643)

»Was für ein gutes Beispiel gibt uns die Mutter Gottes! Nicht einmal dem heiligen Joseph verrät sie ihr Geheimnis. Bitte die Herrin um die Diskretion, die dir fehlt.« (653)

Ein solches Bewußtwerden der Tortur, die sich in uns letztlich abspielt, hinterläßt seine Spuren. Und einige Zeit später kamen wir auf Kindererziehung zu sprechen. Christine meinte, daß sie ja keinen Druck auf ihre Kinder ausüben wolle, das sei ja nicht erlaubt. Macht ist nicht erlaubt, ebenso wie Lust, Wut, Losheulen.

Ich: »Und du läßt dir auf der Nase herumtanzen.«

Christine: »Eigentlich nein.«

Ich: »Aber Schokolade und Tampons darf deine Holde dir nehmen; und die Turnsachen deines Sohnes müssen von heute auf morgen sauber sein.«

Christine: »Du, ich weiß mich schon zu wehren.«

Ich: »Wie?«

Christine: »Ja, ich kann das. - (Nach einer längeren Pause:) Eigentlich bin ich darüber stocksauer. Und wenn ich ehrlich bin, als Entschädigung möchte ich genau wissen, mit wem sie ausgehen, wohin sie am Abend gehen, wieviel Geld sie ausgeben. Als Begründung gebe ich an, es sei ja heute so gefährlich; und ich wolle ihnen ja auch helfen, keine Schulden zu machen, wie der Vater. Das ist es ja auch. Das leuchtet denen ein, oder sie schlucken's. - (Dann bedächtiger:) Das war bisher auch meine ehrlich gemeinte Begründung. Aber es macht mir auch - wenn ich ehrlich bin - irgendwo Spaß. Es ist meine geheime Rache dafür, daß ich für sie schuften muß. Und das Merkwürdige: sie funktioniert. Mein Mann sagt immer: Und mir sagen die beiden nichts. Und dann ist er beleidigt, weil er sich benachteiligt fühlt. Wenn der wüßte.«

Ich: »Was?«

Christine: »Wenn der wüßte, daß die Kinder mir das irgendwie gar nicht freiwillig sagen. Die spüren doch ganz genau: Wenn wir das nicht erzählen, dann gibt uns die Mutter keine Zuwendung mehr, und dann ist es auch aus mit der Bequemlichkeit. Dann hört das Familienglück, das Familien-Spiel auf.«

Ich: »Ende mit den Fleischtöpfen von Ägypten!«

Christine: »Ja, ich hab sie mir schon recht zurecht gefüttert. - (Nach einer guten Weile Schweigen:) Es ist eigentlich ein furchtbarer Selbstbetrug. Einerseits will ich meinen Schrank so extrem aufgeräumt haben, und andererseits betrüge ich mich selbst - und meine Kinder.«

Ich: »Dein Schrank muß vielleicht auch deshalb so aufgeräumt sein, damit du das innere Durcheinander in dir ertragen kannst, dieses Dich-selbst-Täuschen.«

Christine: »Soll ich ihn durcheinander schmeißen?«

Ich etwas erschrocken: »Nein, nicht so schnell. Das gibt sich mit der Zeit. Es gibt bessere Lösungen.«

5.2. Reflexion

Christine handelt wie eine gute Kommunistin: Alles soll allen gehören, es gibt keine Hierarchie. Aber hinten herum übt sie Druck und Zwang aus. Und vor allem: sie führt irre, weil sie ahnt, daß ihr »System« nicht stimmt. Auch das gehört zum Opus-

Dei-Anteil in uns: die Verschleierung (Geheimhaltung und Verunklarung). Psychologisch steht dahinter folgendes: Einerseits herrscht eine Angst und Unsicherheit, das ganze mit dem System stimme nicht; und andererseits wagt man aber nicht, das System in Frage zu stellen. Es kommt zur quasi-religiösen Verbrämung. Wohin aber mit der Angst und Unsicherheit: Sie wird nach außen verlagert: Man verunsichert den anderen, führt diesen in die Irre, läßt ihn auch ein bißchen im Dämmerlicht tappen, spielt mit Geheimhaltung. (Großartig dargestellt ist dieser psychologische Mechanismus in Franz Kafkas Erzählung »Beim Bau der chinesischen Mauer«[8].) - Als Christine wahrnimmt, daß ihr System nicht stimmt, möchte sie am liebsten das Hauptsymbol ihres Zwangssystems, den Schrank, stürzen. Wer aber weiß, wie lange es dauert, bis ein totalitäres System wirklich von innen her stürzt, wird warnen müssen.

Es gehört für mich zum gesunden Menschen, daß er zu seiner Macht offen steht - und auch offen gesteht, daß er sie will und gebrauchen möchte; daß er Geld und Ansehen haben möchte in der Öffentlichkeit; daß er zu seinen Absichten steht. Da weiß ich mich als Mensch ganz ernst genommen. Ich fühle mich frei.

6. Die soziologische Größe »Opus Dei« und die Verschleierung. Mehr als ein Exkurs

Es gibt eine gute psychoanalytische Weisung: Betrachte alle deine »Feinde«, vor allem die ärgsten, und du weißt, was (als »Schatten«) in dir alles schlummert. Wir hassen im anderen das, was wir in uns nicht zulassen. Der Marxismus/Kommunismus und der Liberalismus als Erzfeinde des »Opus Dei«[9] verheißen von daher eine intensive Spiegelung seiner Schattenseite. Ich greife hier nur vier Aspekte heraus.

6.1. Der Marxismus/Kommunismus (etwa der des soeben zer-

8 *F. Kafka*, Sämtliche Erzählungen, hg. von P. Raabe, Frankfurt/Hamburg 1970, 289-298.

9 Entsprechende Zitate finden sich bei *P. Hertel*, a.a.O., 19.

brochenen Sowjetreiches) sagt nach außen, daß er keine Macht ausübe, daß alles gemeinsam sei, daß er nicht hierarchisch strukturiert, sondern eine Volksbewegung sei und den freien Willen der einzelnen schätze. Nach außen hin süßlicher Frieden, nach innen aber knallhart mit extremen Forderungen und Machenschaften. Auch hier so etwas wie eine mächtig stählerne Keule (nach innen) im gepolsterten Futteral (für nach außen).

In der Tat sehe ich am soziologischen Gebilde »Opus Dei« ähnliche Phänomene: Es soll nicht um Macht gehen; dabei steht eine Art Welteroberung auf dem Plan.[10] Es soll eine Laienbewegung sein; dabei gibt es in der schon immer noch hierarchisch-strukturierten Katholischen Kirche wohl kaum eine Gesellschaft, die so klerikal und hierarisch geführt ist. Es soll um Freiheit gehen, aber dagegen die unerbittliche Forderung: blinder Gehorsam. Aufgeben des Willens und des Verstandes.

6.2. Gerade das Phänomen der Verschleierung (der Geheimhaltung und Verunklarung) ist im Marxismus/Kommunismus (wie in jedem totalitären System) tragend. Es wird mit »Diskretion« oder mit »Dienst am Wohl des Ganzen« verkauft.

Ich habe es eben schon gesagt, wie im persönlichen Leben von Christine diese Verschleierung nach außen einer ganz tiefen Verunsicherung entspringt, das eigene Lebenssystem stimme nicht. Analoges gilt für das Kollektivsystem: Man muß die Leute im System ebenso wie die Leute außerhalb des Systems im Dämmerlicht tappen lassen, ja in die Irre führen, um diese ganz tiefe Unsicherheit nicht hochkommen zu lassen, das eigene System stimme nicht. In den jüngsten Jahren haben wir erlebt, wie dieser Schutzmechanismus selbst bei einem so großen System wie dem Sowjetreich (oder der DDR) nicht mehr griff.

Auch bezüglich des Opus Dei wächst in mir die Gewißheit: So sicher ist sich dieses System wirklich nicht. Deshalb kann es auch keine kritische Reflexion (und damit auch keine *wirkliche* Theologie[11]) zulassen. Wirkliche Kritikfähigkeit und -annahme

10 Näheres beispielsweise bei *P. Hertel*, Die politische Berufung des Opus Dei, in: Aufbruch 8, November 1990, 14.

11 Siehe dazu den Beitrag von *D. Mieth* in diesem Band.

sowie der auf Kritik gründende Dialog scheinen dieser Gruppierung wesensfremd. Kein Wunder, wenn wir in *Der Weg* lesen: »Schon wieder! Man habe geredet. Man habe geschrieben ... Halbwahrheiten. Verleumdungen ... Du Dummkopf! Du Schwachkopf! Wenn du geradewegs auf dein Ziel losgehst, Kopf und Herz berauscht [!] von Gott - was kümmert dich dann das Muhen, das Grunzen und das Wiehern ringsum?« (688)

Ich kann nur hoffen, daß die Verschleierungstaktik in der Zukunft nicht mehr greift und das Opus Dei in seiner bisherigen Form von innen aufgebrochen wird. Und das ist immer Sache von einzelnen; den Einsichtigen und Dialogbereiten, die mutig Kritik am System wagen (wie etwa die Volksrechtler am System der DDR).

6.3. Mit der Verschleierung und Verunsicherung hat auch das oben (im 3. Kapitel) genannte Miteinander von Sich-Klein-Geben und Größenwahn zu tun. Dort habe ich diese Spannung im Individuum angesprochen. Es ist aber auch das Charakteristikum jedes totalitären Systems, wobei es zu einer Rollenverteilung kommt: Der einzelne ist klein, das Ganze ist übergroß. Wenn ich individuell nicht weiß, wer ich bin, dann kann ich meine Verunsicherung, meine Kleinheit nicht zuletzt in der Größe des Systems, der Gruppe kompensieren: Unsere Partei, unser Führer (meist in Großportrait in allen Zimmern aufgehängt), unser Werk - mit (quasi-)göttlicher Autorität: Und dieses »Wir« der Partei, des Volkes usw., das wird dann aus meiner Erbärmlichkeit noch etwas »Großes machen«. Der einzelne darf sich im Glanz des Großen spiegeln, das göttliche Qualität bekommt.

Da das System sich aber auch nicht ganz sicher ist (siehe oben), muß es seine Angehörigen dazu *zwingen*, sich als niedrig, als dienendes Rädchen, als erbärmlich usw. zu fühlen und »blind« zu gehorchen. All das aber schürt so wieder das verletzende Gefühl im einzelnen: »ich bin nichts« bzw. »ich habe kein Recht darauf, etwas zu sein«, was ihn dann aber wieder um so mehr an den Größenwahn der Gruppe, des Systems kettet: ein verhängnisvoller Teufelskreis.

Die Ähnlichkeit der Phänomene im sozialen Gebilde »Opus-

Dei« sind erschreckend: angefangen dabei, daß das Opus Dei sich als »göttlich«, »heilig«, »makellos«, ja »unveränderlich« hochstilisiert[12], über die Forderung an den einzelnen, sich als »Kehrichteimer« zu fühlen und die Forderung des »blinden Gehorsams« bis dahin, daß auch hier die Führer groß an allen Wänden hängen. »Wenn deine Demut dich dahin bringt, dich als Unrat, als einen Haufen Unrat, zu erkennen, können wir aus all deiner Erbärmlichkeit noch etwas Großes machen.«[13]

Es gibt allerdings einen Unterschied zum totalitären System: »man gehorcht oder *geht*«[14]. Nur: als Psychoanalytiker habe ich die im 4. Kapitel genannte Erfahrung gemacht, daß das Gehen zwar schnell angeboten, aber vom Betroffenen kaum oder gar nicht so schnell vollzogen werden kann, eben aufgrund der psychischen Verkettungen. Sagen Sie doch einmal einem 18jährigen, der in einer überstarken Mutterbindung aufgewachsen und innerseelisch zum Teil auf der Stufe eines kleinen Kindes gehalten worden ist: »Löse dich von deiner Mutter.« Es ist absurd. Analog kommt mir das Angebot vor, das Opus Dei zu verlassen. Die Mitglieder sind doch groß geworden unter den Maximen des Gründers: »Sei Kind. - Noch mehr Kind. - Aber komme mir nicht in die 'Pubertätsjahre'.« »Sei klein, sehr klein. - Sei nicht älter als zwei, höchstens drei Jahre.« »Suche nicht ein Erwachsener zu sein. - Kind, immer Kind.« »Die geistliche Kindschaft fordert die Unterwerfung des Verstandes. Das ist schwerer als die Unterwerfung des Willens.« »Kinder nennen nichts ihr eigen, alles gehört ihren Eltern.«[15]

Aber: Eine solche Zumutung könnte kein (gesunder) Mensch als Jugendlicher oder Erwachsener annehmen, wenn er nicht von Kindesbeinen an in dieser Mentalität groß geworden wäre - mag er sich nach außen hin noch so souverän, überlegen, spritzig geben. Das Übel hat bereits in der Kleinkinderziehung begonnen. Kurz: Ich rate den einzelnen Leitern des Opus Dei dringend, sich mit den psychologischen Grundgesetzen vertraut zu machen,

12 So nach »Crónica«. Zitiert bei *P. Hertel*, Für eine offene Kirche, 17.
13 *J. Escrivá de Balaguer*, Der Weg, Nr. 605.
14 Ebd., Nr. 941 (Hervorhebung vom Autor).
15 Ebd., Nr. 858, 868, 870, 856, 867.

wenn sie den Anspruch an sich haben, wirklich verantwortlich mit Menschen umzugehen.

7. Heiliger Egoismus und heilende Teufelsschlange. Wie der Fuchs in Christines Schlafzimmerschrank kam

»Dein größter Feind bist du selbst.« (*Der Weg*, 225)

»Der Ruf 'serviam!' [Ich möchte dienen!] bezeugt den Willen, der Kirche Gottes ganz treu zu 'dienen', auch auf Kosten des Besitzes, der Ehre und des Lebens.« (519)

»Zugeständnisse machen? - Der Ausdruck stammt aus dem Wortschatz der Bequemen, der Schlauen und Feiglinge.« (54)

»Nicht zu erschüttern: So mußt du sein.« (995)

Christine beginnt, sich des Betrugs an ihren Kindern - und damit zugleich ihres Selbstbetrugs - bewußt zu werden. Jetzt geht es überhaupt erst wirklich an die Substanz des anfänglich in Frage gestellten Zwangssystems.

Immer wieder sprechen wir über Nächstenliebe - und kommen nicht weiter. Immer dieselbe Leier:

Christine: »Ich bin eine gute Christin.«

Ich: »Will ich meinen, bei deinem Namen.«

Christine: »Und als Christin darf man einfach nicht egoistisch sein.«

Eines Tages aber meint Christine: »Meine Mutter hat sich auch für uns aufgeopfert.«

Ich: »Und war die glücklich?«

Christine: »Ich weiß nicht mehr. Seit dieser Sache, wo sie zum ersten Mal geweint hat. Mein Gott, so lange nicht geweint, bei all dem Elend, was die erlebt hat. Nein. Nein.«

Ich sage wieder, wie wichtig es sei, für sich Raum und Leben und Zeit in Anspruch zu nehmen. Die Menschenrechte plädierten schon dafür. Es sei einer der schlimmsten Irrlehren, daß der Mensch zum Dienen da sei. Zum Leben sei er da. Zu nichts Geringerem. Und mir sei ein Mensch, der seine Ansprüche klar geltend mache, ganz liebenswert. Der ist sich nämlich selbst etwas wert. Er achtet sich selbst. Und in seiner Gegenwart fühle ich mich dann auch wert und geachtet. Es gäbe den »heiligen Egoismus« als das Heilsserum gegen den Zwang zur Nächstenliebe: ein wirkliches Sich-Lieb-Haben. Diesmal springt Christine ein: »Ja, das ist eigentlich wahr. Es ist verrückt. Meine beiden Kinder werden immer ärgerlich, wenn ich ständig um sie herum bin, um ihnen zu helfen.«

Ich sage: »Leider geht es heute nicht, denn ich brauche für die Vorbereitung eines Vortrags wirklich meine Zeit und Ruhe. Aber du kannst dich gerne im Malzimmer aufhalten.«

Wir lachen.

Wieder einige Zeit später erzählte sie einen Doppeltraum, der mich die Kraft des »Heiligen Egoismus« als Gegengift spüren ließ:

»Der Papst, es kann auch unser neuer Bischof gewesen sein, kommt, ich finde das lächerlich. Und doch gehe ich auf die Straße. Er kommt vorbei und winkt, ich meine auch ganz speziell mir. Ich lächle und winke zurück, empfinde aber dabei, daß er mich doch eigentlich übertölpelt habe.«

»Ich bin im Gespräch mit meinem Vater. Ich werde sehr erregt. Ich sage ihm, daß er einfach ungerecht handle, Unrecht habe, daß er mich völlig falsch einschätzt. Ich muß mir eingestehen, daß mein Widerstand zwar da, aber doch noch etwas zu schwach ist. Mein Vater wehrt sich auch, aber auch nur schwach. Es fällt mir schwer, mich durchzusetzen, aber ich bin innerlich entschlossen. Ich schaffe es, wenn auch ganz knapp, weil der Widerstand meines Vaters überraschenderweise eben auch nicht so groß ist wie sonst. Ich kann es gar nicht glauben.«
Im ersten Traum zeigt sich die Seele zwar noch vom inneren Papst recht abhängig, vernimmt aber bereits, daß diese Abhängigkeit letztlich ein Sich-Übertölpeln-Lassen bedeutet. Angesichts des zweiten Traums war Christine sehr erstaunt, so klar von ihrem Vater geträumt zu haben, obwohl sie ihn doch nur von Fotos her kennt. Das zeigt schon: Es geht um das innere Vaterbild als wirksame Größe in uns.

Anstelle des Papstes ist jetzt der persönliche Papa getreten. Und sein Zwingen kann - zum ersten Mal - knapp überwunden werden. Es ist fast nicht zu glauben, empfindet das Traum-Ich, aber es geht. In der Tat: Es ist eines der (kleinen) Wunder des göttlichen Wirkens in uns; und ich fühle eine Weite in meiner Brust.

Wieder ein paar Sitzungen später erzählt mir Christine folgenden Traum: Ich komme mit Leuten von einer ins Mittelmeer hineinragenden Klippe zurück Richtung Land. Links und rechts und hinter uns blaues Meer. Plötzlich sehe ich auf der linken Seite in dem Klippengeklüft eine Schlange sich wärmen. Die andern gehen weiter. Ich bleibe stehen und betrachte das Tier in der Sonne. Es ist ganz schwarz mit roter Zackenmusterung. Die Schlange kommt, als sie mich sieht, hoch und auf mich zugekrochen. Ich bleibe vor Angst stehen. Sie kriecht an meinem Bein empor. Ich denke, beweg dich nicht, dann läßt sie von dir. Sie aber wird größer und größer, umwindet meinen Oberkörper. Ich weiß, daß es eine Mittelmeerviper ist. Ich denke: Wenn sie mich nur nicht in die Halsschlagader beißt; das könnte tödlich sein. Ich halte mich starr. Die Schlange aber geht herunter und beißt mich in den Lendenwirbelbereich. In dem Augenblick läßt meine Erstarrung nach, und es geht eine Ruhe in meinen Körper. Ich packe die Schlange, die jetzt wieder kleiner ist (einen halben Meter lang), presse ihr das restliche Gift aus und nehme sie mit in unser Lagerhaus. Ich weiß, daß der Biß nicht tödlich ist und ein Arzt mir sagen kann, was ich tun muß. Im Lagerhaus brauche ich kaum auf den Arzt zu warten. Er ist sofort da und klärt alles mit mir in Ruhe.«

Ich strahle. Christine merkt das und ist zunächst überrascht. Als ich sie aber an ihre früheren Fuchs-, Hund- und Schlangenträume erinnere, in denen sie in Panik zum Arzt rennt, da beginnt sie zu ahnen: Jetzt kann sie das Wilde (als Gegengift gegen den Zwang) wirklich vertragen. Jetzt ist es eben kein unverträgliches Tollwutgift, sondern ein Heilserum: gegen den Zwang. Jetzt ist der Arzt schon zur Stelle und braucht auch nur zu unterstützen.

Ich sage: »Jetzt werden auch deine Rückenschmerzen aufhören. Achte einmal auf die Rückenzeichnung der Schlange: Schwarz-rot: ein Teufelszeichen. Was für den Zwanghaften vom

Teufel ist, wird für den Exodus-Mutigen zum Heil.« Und ich spreche vom »eisernen Willen«, dem »stählernen Sporn« oder der »stählernen Keule« in ihrem bisherigen Leben. »Statt dessen jetzt eine bewegliche, ganz sinnliche Schlange, die sich auch immer wieder neu häutet.« - »Seid klug wie die Schlangen«, schmunzelt Christine.

Das nächste Mal bringt Christine mir ein Geschenk mit: Es ist ein alter Puppenkleiderschrank aus ihrer Kindheit, den ihr Sohn als Bastler wieder in Form gebracht hat. Christine sagt, ich solle ihn öffnen. Und da liegt in der Ecke ein kleiner Stoffhund. Für sie wäre es ein Fuchs.

8. Schluß und Zusammenfassung

Christine Friedemann - das könnte jeder von uns sein. Wir alle kennen irgendwie den aufgeräumten Kleiderschrank und zugleich den Wild-Fuchs, die Schlange; die Ordnung oder Fügung einerseits und die Vitalität, Spritzigkeit, Verrücktheit andererseits. Aber meist ist die Spannung zwischen diesen beiden Seiten verspannt. Fügung wird zum »Zwang«, Wildheit zur »Tollwut«. Und beides verteufelt sich so gegenseitig.

Daß es ein Opus-Dei in der Gesellschaft gibt, dafür bin ich als Analytiker insofern dankbar, als uns damit im Außen gezeigt wird, was in uns vorhanden ist: die Sehnsucht nach klarer Sinnfügung; aber immer auch leider ist: der friedlos fesselnde Zwang.

Daß es die Basis der freien Geister gibt, dafür bin ich als Analytiker insofern dankbar, weil damit sichtbar wird im Außen, was in allen leben will: das Wilde, Schäumende, Bebende; aber immer auch leider ist: die Tollwut.

In beidem: im friedlosen Zwang, wie in der Tollwut wird das göttliche Wirken, das wirkliche Leben verhindert. Leben, göttliches Wirken, ist ein völliges Überraschen und Überraschtwerden. Und Hans Urs von Balthasar hat einmal die göttliche Trinität, also das Bild von Leben schlechthin, als das beständige Sich-

Überraschen und Überrascht-sein-Wollen umschrieben[16]. Durch das Opus Dei (in uns und als gesellschaftliche Größe) sehe ich das göttliche Wirken in einem Kleiderschrank-Werk gefesselt; dagegen durch extreme Basisgruppen eher verglühen. Beides sind, wie C. G. Jung einmal grundsätzlich über die Kirchen gesagt hat, Versuche, dem göttlichen Wirken zu entkommen. Dabei ist die zwanghafte Fesselung, weil gesellschaftlich gestützt, vorherrschend.

Ganz gleich wo ich als Analytiker dem Schmerz dieser Fesselung im einzelnen begegne - bezeichnet sie oder er sich als unreligiös oder als ein (ehemaliges) Mitglied von fundamentalistischen Gruppierungen (Opus Dei, Zeugen Jehovas und anderen Bewegungen) - , so wünsche ich, daß der Schmerz sich mildere, wie bei Christine.

Ich wünsche, daß sich die berechtigte Sehnsucht nach Sicherheit, Klarheit, Fügung stärke, und zwar genau dadurch, daß die andere Seite, die wilde, unbändige Veränderungskraft motiviert wird; auf daß die Tollwut mehr und mehr zum wilden Heilsaft (zum dosierten Schlangengift) und der Ordnungszwang zur heilenden Fügung werde. Und daß der einzelne Mensch so immer ein Stückchen mehr zu einem »verrückten Haus« wird: zu einem »Haus aus bebendsten Steinen« (wie R. M. Rilke über die Musik sagt[17]). Das ist ein mühsamer Weg und wohl eine gute Form der Christus-Nachfolge. Christine hat ihn zu gehen begonnen.

Das wünschte ich mir auch gesellschaftlich: Friedenswege zwischen dem realen Opus Dei und der liberalen Basis. Das aber scheint eine Utopie im Augenblick. Indes: Der Heilungsweg geht über »Christine«, das heißt über jeden einzelnen von uns.

16 Siehe *H. U. von Balthasar*, Theodramatik IV, Einsiedeln 1983, 69 mit Anm. 54.

17 *R. M. Rilke*, Die Sonette an Orpheus, Zweiter Teil, XIII: »Alles Erworbene bedroht die Maschine« (in: *Ders.*, Sämtliche Werke I, hg. vom Rilke-Archiv/Ernst Zinn, Frankfurt/Main 1955, 757).

Christel Schneller

Ehe - eine christliche Berufung

Ich bin kein Theologieprofessor und auch kein Experte in »Sachen Opus Dei«, aber ich denke doch, daß ich über das Opus Dei sprechen kann und soll, und darüber, was das Opus Dei für mich im Alltag, in meiner Familie, in meiner Ehe bedeutet. Seit sechzehn Jahren bin ich Mitglied, und seitdem versuche ich, nach dem Geist des Opus Dei mitten in der Welt christlich zu leben, was für mich persönlich heißt: als Hausfrau und Mutter einer großen Familie. Ich wurde ursprünglich gebeten, mein Referat zu dem Thema »Ehe und Sexualität« zu halten. Warum ich mein Referat unter den Titel »Ehe - eine christliche Berufung«[1] stelle, möchte ich kurz erläutern: Viele reduzieren die Beziehungen von Mann und Frau auf Sexualität. Ich möchte Sexualität einbetten in christliche Werte und von Ehe als einer christlichen Berufung sprechen. In ihrer Zärtlichkeit können Menschen frohe Geborgenheit empfinden, in hohem Maß Erfüllung erfahren. Die Zärtlichkeit eines liebenden Paares weist sogar über sich selbst hinaus auf die unendliche Güte und Liebe Gottes. Andererseits können aber auch Menschen im Bereich der Sexualität durch ihre Begrenztheit, Unbeherrschtheit, Egoismus einander demütigen, unterwerfen, verletzen, ausbeuten ...

Wenn ich nun zum Thema »Ehe - eine christliche Berufung« spreche, dann erlauben Sie mir, Ihnen meinen persönlichen Weg vorzustellen, den ich lieber unter dieses Thema stellen möchte, als verengt auf das Thema »Ehe und Sexualität«.

Von Beruf bin ich Erzieherin und habe unter anderem 1963/65 in Freiburg in einem Waisenhaus gearbeitet.

Mein Mann und ich haben sechs Kinder im Alter von acht bis dreiundzwanzig Jahren. Mein Mann ist Ingenieur und auch Mit-

1 Diesen Titel trägt auch eine Homilie des Gründers des Opus Dei, in: *J. Escrivá de Balaguer*, Christus begegnen. Homilien, Köln [5]1978, 71-85.

glied des Opus Dei. Aufgewachsen bin ich in einem katholischen Elternhaus und habe dort eine frohe und glückliche Kindheit verbracht.

Eine starke Prägung in meinem Glaubensleben erfuhr ich in der Jugendarbeit, ganz besonders bei den Georgspfadfindern, wo ich lange Jahre als Gruppenleiterin tätig war. Das Bemühen um ein Leben im christlichen Geist war für mich und meine Umgebung selbstverständlich.

Es war für uns ganz klar, daß wir auch für den Glauben der uns anvertrauten Kinder verantwortlich waren. Es wurde uns bewußt gemacht, daß wir unser Heil, das letzte Ziel, nicht finden können, wenn wir nur ängstlich auf unser eigenes Leben schauen, nur unser eigenes Schäflein ins Trockene bringen wollen. Ein geflügeltes Wort - in sich widersprüchlich - hieß: »Wehe Euch, wenn Ihr alleine in den Himmel kommt!« Wir waren überzeugt, daß unser Beispiel als Jugendliche, unser frohes christliches Leben, anstecken würde. Es verlangte auch damals Mut, immer zu seinem christlichen Glauben zu stehen. Doch in der heutigen Zeit verlangt es noch viel mehr Mut und Standfestigkeit von Jugendlichen, ihren Glauben zu leben, in einem manchmal total heidnischen Umfeld, wo nur das »Was bin ich?«, »Was habe ich?« zählt. In einem Umfeld, wo schon jeder mitleidig belächelt wird, der bei einer Sportveranstaltung oder bei einem Landschulaufenthalt am Sonntag den Wunsch äußert, an einem Gottesdienst teilzunehmen.

Die Ehe hatte bis zu den 60er Jahren, den Jahren des großen Traditionsbruchs, einen höheren Stellenwert als heute. Für uns Jugendliche, die eine Ehe eingehen wollten, war es selbstverständlich, daß das Ziel einer Liebesbeziehung die Ehe war. Das endgültige »Ja« vor Gott gab uns eine frohe Unbeschwertheit: mit seiner Hilfe würden wir es schaffen.

Als ich Mitte der 60er Jahre das Opus Dei kennenlernte, war das, was ich dort hörte, nicht etwas ganz Neues für mich. Wohl merkte ich schnell, daß die Mitglieder des Werkes alle ihren Glauben ernst nahmen, ihn liebten und für Gott viel investierten. Lange ging ich zu Vorträgen, Einkehrabenden, mehrtätigen Besinnungstagen, ohne Mitglied zu sein.

Was mich immer anzog und begeisterte, war der Optimismus, die Freude, die die Mitglieder des Werkes ausstrahlten. Es wurde nicht über das Elend, die Schwierigkeiten in Familie, Schule, Beruf, Gesellschaft und Kirche lamentiert, sondern es wurden Wege, kleine gangbare Schritte, zur Lösung gesucht.

Das bedeutete, an sich zu arbeiten, von sich zu fordern, bei sich anzufangen, und bei all dem nicht zu vergessen, daß wir schwache Menschen, ja Sünder sind, die ohne die Hilfe Gottes gar nichts erreichen - und die deshalb vor ihrem Tun Gott um Licht und Kraft für ihre irdischen Angelegenheiten bitten, mit Gott sprechen, also beten.

Die meisten Mitglieder des Opus Dei sind verheiratet. Die Schwierigkeiten, denen Eheleute heute begegnen, sind nicht wenige:

- Der Leistungsdruck in Studium, Beruf, Freizeit, Hobby, um Kleidung, Auto, Wohnung usw.
- Die Probleme der Wohnungssuche bei Familien mit Kindern.
- Die Schwierigkeiten, die entstehen, wenn eine Mutter wegen der Kinder ihre Berufstätigkeit aufgibt.
- Erwartungen an die Eltern von Kindergarten und Schule.
- Das ganze Gerede von »Selbstverwirklichung«, wohinter sich nicht selten Egoismus verbirgt.
- Die Gewissensentscheidung des Ehepaares, wie groß die Zahl der Kinder sein soll.
- Frauenzeitschriften, die uns die Traumfrau aufzeigen, hübsch, gut und teuer gekleidet, mit interessantem Beruf, macht Karriere, ist die feurige Liebhaberin und läßt nebenbei ihre Kinder glücklich und zufrieden bei der Tagesmutter oder im Kinderhort heranwachsen.
- Das Problem der Vereinbarkeit von Mutter- und Hausfrausein und von Berufstätigkeit außerhalb der Familie.
- Das Unverständnis, auf das man stößt, wenn man mehr als zwei Kinder haben möchte.
- Dazu das lieblose, verletzende, verantwortungslose Gerede, das sich eine Frau anhören muß, die gewollt oder ungewollt schwanger geworden ist, von den nächsten Verwandten über die besten Freunde bis hin zu manchen Ärzten. Redensarten

wie: »In deinem Alter willst du noch mal mit Windelwaschen anfangen?« oder »Du kannst doch nicht deine Schulausbildung unterbrechen, denk an die Zukunft« verwirren eher, als daß sie helfen.

Wie hilft mir das Opus Dei, mit vielen dieser Schwierigkeiten, die auch ich erlebt habe und erlebe, fertig zu werden bzw. trotz all der Schwierigkeiten froh und zufrieden zu sein? Meine Zuversicht kommt aus dem Bewußtsein meiner Gotteskindschaft. Das Fundament ist die grenzenlose Liebe und Barmherzigkeit Gottes, daß er uns als seine Kinder trotz aller Schwäche und Sündhaftigkeit annimmt. Diese Wahrheit bis ins Letzte zu erfassen, übersteigt unsere Phantasie und unseren kleinen Verstand.

Im Opus Dei leben wir eine ganz praktische Gotteskindschaft, die nicht aus schönen Redewendungen besteht. Ich habe gelernt und auch erfahren, daß ich hinter all diesen menschlichen, materiellen Dingen Gott suchen und ihn finden kann. Wie die hl. Theresia sagte: »Wenn ich Gott nicht zwischen den Kochtöpfen finde, dann finde ich ihn gar nicht.«

Ob das nun darin besteht, daß ich auf manches verzichte, weil das Haushaltungsgeld nicht bis zum Monatsende reicht und ich zu dem Verzicht bereitwillig ja sage, oder ob ich das Schöne und Gute, was ich im Laufe des Tages erfahre, von Gott dankbar annehme. Oder aber ob es die Fehler meines Mannes, meiner Kinder und auch meine eigenen sind, die ich trage und trotzdem meine gute Laune behalte. Der Gründer des Opus Dei sagte oft zu den Eheleuten: »Du liebst ihn (sie) nicht, wenn du nicht auch seine (ihre) Fehler liebst.«

Bei mir konkret heißt das inmitten von viel Arbeit im Haus, quirligen Kindern, Hausaufgaben, unausgeglichenen Jugendlichen, Telefonanrufen, heißer Musik von SDR 3, Tätigkeiten außerhalb der Familie, den Faden zu Gott - oder auch das Rettungsseil zu ihm - nicht zu verlieren. »Herr, bleib bei mir in diesem Chaos!« ist ein von mir häufig verwendetes Stoßgebet.

Es hört sich alles sehr einfach und banal an, aber versuchen Sie einmal, vier Wochen Ihre Arbeit so zu tun, als wenn Gott Ihnen immer zuschaute: den Mitmenschen nicht nur ertragen, sondern auch freundlich und hilfsbereit sein und das auch in den unpassendsten Momenten. Der Gründer des Opus Dei sagte mit knappen Worten: »arbeiten, lächeln, schweigen«, darin bestehe unsere Christusnachfolge, das tägliche Kreuz.

Die Hilfe des Opus Dei besteht vor allem in der religiösen Ausbildung und in der geistlichen Leitung seiner Mitglieder: es ist eine Hinführung zu einem Leben aus dem Gebet und der Kraft der hl. Sakramente.

Die geistliche Leitung besteht darin, mich im Kampf um das Gute zu ermutigen, zur Großzügigkeit in der Hingabe an Gott und die Menschen anzuspornen. Es wird mir geholfen, das Kreuz, wenn es in meinem Leben auftaucht, anzunehmen und in der Nachfolge Christi zu tragen.

Was aber nicht heißt, daß ich nicht alle Mittel einsetze, um Schwierigkeiten zu beheben, die sich beheben lassen: bei Kopfschmerzen eine Tablette zu nehmen, Lösungen für familiäre Probleme zu suchen usw. Von meiner Seite verlangt das Offenheit und Bereitschaft (= Gehorsam), Ratschläge anzunehmen und sie mit Verstand und Willen im Leben in die Tat umzusetzen. Da ich die Bindung an das Werk freiwillig eingegangen bin, ist es kein blinder Gehorsam, denn ich wünsche ja die Hilfe des Werkes. Ich suche, den Willen Gottes zu erfüllen, nicht den Willen eines Menschen, vertraue aber darauf, daß sich Gott auch der Menschen bedient, um mir dadurch seinen Willen zu zeigen. Man könnte es vielleicht auch so sagen: Das Opus Dei ist für die Schwachen da, die es nicht alleine schaffen, den hohen Ansprüchen Jesu, wie wir sie aus dem Evangelium kennen, zu entsprechen, beispielsweise: »... tut denen Gutes, die euch hassen ...« (Lk 6,27); »richtet nicht, dann werdet auch ihr nicht gerichtet werden« (Lk 6,37); »tut Buße, denn das Himmelreich ist nahe« (Mt 3,2).

Für mich ist das Opus Dei ein Ort, wo ich immer wieder den nötigen Brennstoff auftanke, damit ich meinen Egoismus, meine Bequemlichkeit überwinden kann, damit die Liebe zu Gott und zu den anderen nicht erkaltet.

Weil ich weiß, daß ich Kind Gottes bin, binde ich mich sehr eng an meinen Vater, also muß ich auch Zeit haben für den Umgang, das Gespräch mit Ihm. Ich plane meine Tätigkeiten des Tages so, daß das Gebet Platz dazwischen findet. Das heißt auch manchmal früher aufstehen. Einige Minuten am Tag für das Lesen der hl. Schrift und eines anderen geistlichen Buches. Zentrum und Kraftquelle ist die tägliche hl. Messe, wo ich Jesus in der Kommunion persönlich begegnen kann. Ich tue den Willen Gottes nicht, wenn ich meine Kinder vernachlässige und dafür zur hl. Messe gehe. Mir hilft auch die regelmäßige häufige Beichte, allen Staub, alle Sünden zurückzulassen, um neu gestärkt meinen Weg wieder zu gehen.

All diese Übungen der Frömmigkeit sind kein starres Gerüst, sondern helfen mir wie die roten Stangen im schneereichen Gebiet, Gott im Alltag nicht zu verlieren. Natürlich kostet das alles Anstrengung und ist nicht immer leicht. Aber wer heute ein christliches Leben führen will, für den heißt es sowieso meistens, gegen den Strom zu schwimmen. Doch Gott lohnt reichlich, auch schon in diesem Leben; ich bin froh und zufrieden, in seiner Nähe leben zu können.

Für den Gründer des Opus Dei ist die Ehe ein konkreter Weg der Heiligung, und dies hat er schon zu einer Zeit verkündet, als es noch üblich war, die christliche Vollkommenheit fast ausschließlich in der Ordens- und Priesterberufung zu suchen. Er hat die Ehe als einen Weg der Heiligung bezeichnet, ohne Abstriche an der Ehelosigkeit um des Himmelreiches willen zu machen.

»Im Opus Dei hat es so etwas noch nie gegeben. Wir haben immer die Ehe als einen *göttlichen* Weg auf Erden dargestellt und gleichzeitig klar vom erhabenen Sinn der apostolischen Ehelosigkeit gesprochen. Mich schreckt die menschliche Liebe nicht, jene heilige Liebe, der sich Gott bedient hat, um mir das Leben zu schenken; ich segne sie mit beiden Händen. Die Eheleute sind nicht nur die Spender, sondern zugleich sind sie selbst auch die Materie des Ehesakramentes, genauso wie Wein und Brot die Materie der Eucharistie sind. Das ist der Grund, warum ich alle Lieder so gern habe, die die lautere menschliche Liebe besingen; für mich haben diese *menschlichen Liebeslieder ein göttliches Echo*. Und gleichzeitig wiederhole ich immer wieder, daß diejenigen, die ihrer Berufung entsprechend den Weg der apostolischen Ehelosigkeit einschlagen, keine *Junggesellen* sind, unfähig, die Liebe zu begreifen und ihren Wert zu erkennen. Ihr Leben erklärt sich im Gegenteil ganz allein aus der Tatsache der göttlichen Liebe (mir gefällt es, dieses Wort mit ganz großen Buchstaben zu schreiben), die das eigentliche Wesen jeder christlichen Berufung ausmacht.«[2]

Selbst Christus vergleicht die Verbundenheit zwischen ihm und seiner Braut, der Kirche, nicht mit einer rein geistigen Freundschaft oder der platonischen Liebe. Nein, er vergleicht sie mit der gegenseitigen Hingabe von Mann und Frau und adelt dadurch die geschlechtliche Begegnung der Eheleute.

Warum sollen wir die leibliche Liebe gering schätzen, wenn Gott ihr einen so hohen Stellenwert gibt?

Auch wenn es heute viele nicht mehr verstehen können und wollen: die geschlechtliche Begegnung hat in der dauerhaften Beziehung der Ehe ihren richtigen Platz und schenkt gerade dort den Eheleuten Freude, Erfüllung und Beglückung.

Dies sage ich auch meinen heranwachsenden und erwachsenen Kindern und erkläre es so, damit sie sich dem Menschen, mit dem sie sich vor Gott ein Leben lang verbinden möchten, vorbehaltlos mit Leib und Seele schenken können.

Kondome schützen zwar vor Aids und einer ungewollten Schwangerschaft, aber sie schützen nicht die Seele des jungen Menschen, die in diesem Bereich sehr verletzlich ist. Vielleicht befällt deshalb so viele Zeitgenossen eine Unlust zu einer bleibenden Bindung in der Ehe, wie die Psychotherapeuten weltweit berichten, weil der Sexualität der Boden von Freundschaft, Zuneigung, Verantwortung, Verzicht und Liebe fehlt. Unsere Keuschheit, auch die Keuschheit der Eheleute, darf kein bloßes »Nein« sein, kein Ausdruck der Gefühllosigkeit. Der Christ soll vielmehr anstecken mit seiner Freude, anstecken durch eine heilige Lauterkeit und Reinheit, die freudige Bejahung ist.

2 Gespräche mit Msgr. Escrivá de Balaguer, Köln ^{4}1992, Nr. 92.

Wir Menschen scheuen oft die kleinen und größeren freiwilligen Verzichte, die gebracht werden müssen, um mit Gottes Hilfe eine gute Ehe zu beginnen und zu führen. Und wieviele müssen nach einer gescheiterten Ehe große Opfer und Entbehrungen bringen, bis zum körperlichen und psychischen Ruin, ob sie es wollen oder nicht. Wäre es nicht vernünftiger gewesen, diese Kräfte beim »Bau und Erhalt« der Ehe einzusetzen?

Das Kreuz wird sich immer wieder in Form von Streit, Krankheit, Lieblosigkeit usw. auf unserem Eheweg zeigen. Aber wenn wir nicht nur auf unsere eigenen Kräfte, sondern auf die Hilfe Gottes bauen, wird er uns auch helfen, unser Kreuz zu tragen.

Es ist für die Eheleute nicht immer leicht, wenn sie rund um die Uhr für ihre Kinder da sein müssen. Wenn eine Mutter nachts dreimal aufsteht, um ihren weinenden Säugling zu trösten und zu versorgen, dann ist es nicht mehr, aber auch nicht weniger, als wenn ein Trappist sich in der Nacht zum Gebet erhebt. Beide erfüllen den Willen Gottes.

Auch für mich war das bereitwillige »Ja« zu einem weiteren Kind nicht immer leicht, mit vielen kleinen und großen Einschränkungen und Beschwerlichkeiten war es verbunden, aber um wieviel größer ist die Freude, die Erfüllung, der Segen, den dieses Kind mit in die Familie bringt. Wer es nicht selbst erleben durfte, wird mich schwerlich verstehen.

Es gab in unserer Ehe auch Gründe, eine zeitlang kein Kind zu bekommen. Dann sind wir den von der Kirche empfohlenen und mittlerweile von der Wissenschaft theoretisch abgesicherten Weg der natürlichen Empfängnisregelung gegangen.

Auf diese Methoden will ich jetzt nicht näher eingehen, sondern nur auf die wachsende Zahl von Literatur, Vorträgen, Kursen zu diesem Thema hinweisen.

Eines scheint mir aber wesentlich: es handelt sich bei der natürlichen Empfängnisregelung um eine Möglichkeit, die das Ehepaar als ganzes betrifft, Mann und Frau, beide sind hier gefordert. Das ist ohne Kommunikation nicht möglich. Der Gedankenaustausch vertieft die Beziehung und erzieht das Paar zur Liebe. In der Herausforderung der Enthaltsamkeit liegt eine

Chance. Denn beide können diese Zeit zu anderen Ausdrucksformen der Liebe nutzen.

Hier zeigt sich ganz deutlich, daß Liebe weit mehr als Sexualität ist. Und daß die Sexualität nicht das Wichtigste im Zusammenleben der Eheleute ist, obwohl Liebe ohne Sexualität Gefahr läuft zu verkrampfen.

Auch Mitglieder des Opus Dei müssen in diesem Punkt kämpfen. Die Latte ist »hoch« gelegt, zwar erreichbar, aber durch unsere Begrenztheit, Sinnlichkeit, Egoismus schaffen wir es oft nicht, sie zu erreichen. Doch nach einem mißglückten Versuch rappelt man sich wieder auf, bittet Gott und den anderen um Verzeihung, geht zum Sakrament der Buße und beginnt wieder von neuem.

Ob wir nicht alle froher, glücklicher und zufriedener wären, wenn wir fester an Gottes unendliche Barmherzigkeit glauben würden, durch die er uns alle Schuld vergibt, und dem Bußsakrament wieder den richtigen Stellenwert geben würden? Es gibt nichts, was er uns nicht verzeiht, wenn wir ihn darum bitten und es aufrichtig bereuen. Und allemal sind die Sünden des 6. Gebotes nicht die schlimmsten Sünden. Auch das kann man beim Gründer des Opus Dei nachlesen.

Es geht nicht nur um Verzicht und Verbote, sondern um das Wachsen in der Liebe.

Da ich nicht berufstätig bin, habe ich die Möglichkeit, in unserer Pfarrgemeinde tätig zu sein. Seit dreizehn Jahren helfe ich mit, daß Grundschulkinder einmal wöchentlich spielerisch das Brauchtum des Kirchenjahres erleben und erlernen können. Ich freue mich, daß in diesem Vorbereitungsteam Leute aus verschiedenen geistlichen Bewegungen wie der Gemeinschaft christlichen Lebens (GCL) und der Schönstatt-Bewegung zusammenarbeiten und daß diese auch wissen, daß ich Mitglied des Opus Dei bin. Wir arbeiten miteinander auf dem Boden der katholischen Kirche und für die Kirche.

Um das Leben einer querschnittsgelähmten Frau, die ganz auf die Hilfe von anderen angewiesen ist, etwas zu erleichtern, bringe ich sie jeden Mittwoch gegen 22.00 Uhr zu Bett, was sonst schon am späten Nachmittag durch eine Schwester erfolgen würde. Wir haben einen kleinen Kreis von Helfern organisiert, so daß die ganze Woche abgedeckt ist.

Es ist nichts Außergewöhnliches, was ich tue, ein Tropfen Linderung und Freude für diesen hilfsbedürftigen Menschen, getan aus Liebe zu Gott.

Dazu wurde ich wachgerüttelt durch Impulse vom Gründer des Opus Dei, dessen ganze Liebe und Sorge den andern galt, der oft scherzhaft sagte: »Mir kann es gar nicht schlecht gehen, weil ich nie an mich denke«.

Seine Autorität zwingt nicht und unterdrückt nicht, sondern macht verliebt, begeistert, steckt an. Ich wurde angesteckt.

Das Opus Dei hat mir geholfen, die Ehe als eine christliche Berufung in ihrer ganzen Tiefe und Schönheit erst richtig zu entdecken.

Dietmar Mieth

Anfragen an das Verständnis von Kirche und Sexualität beim Opus Dei

Vorbemerkungen

1. Die folgenden Anfragen an die Struktur des Opus Dei zum Thema Sexualität erhebe ich aus offiziellen Schriften des Opus Dei. Ich beziehe mich nur auf solche Schriften, und ich tue dies aus der leidvollen Erfahrung heraus, die ich in der Kirche gelegentlich machen muß, daß Texte aus dem Zusammenhang gerissen und gegen die Intention des Autors zitiert werden. Man muß immer im Auge behalten - deswegen ist hier von »Anfragen« die Rede -, ob die Aussage in der Intention derjenigen liegt, welche die Texte formuliert haben.

2. Ich habe bei Escrivá eine Stelle gelesen, in der er das Gleichnis vom Unkraut und dem Weizen interpretiert und die Christen dazu ermuntert, Wächter im Weizenfeld zu sein, um das Aufkeimen des Unkrautes zu verhindern. Das empfinde ich nicht als jesuanisch. »Laß das Unkraut wachsen mit dem Weizen« ist das Wort, das mich im Evangelium berührt (vgl. Mt 13,24 ff). Einer Zusammenstellung von Moralpredigten habe ich eben diesen Titel gegeben: »Mit dem Unkraut wächst der Weizen« (Luzern 1991). Mit diesem Hinweis wird mein Standort als Theologe sichtbar.

3. Es ist nicht leicht, Anfragen an das Opus Dei zu richten, weil das Opus Dei sich aus einer gewissen Normalität in der Kirche und dem Leben der Gesellschaft herausgenommen weiß. Wenn eine Gruppe sich als herausgenommen betrachtet, neigt sie dazu, Anfragen als Verfolgung einzuschätzen. Es ist ja so, daß diese Gruppe nicht das Leben führt und auch nicht führen will, das andere Menschen nebenan führen. Man will die Alternative, das ist

die Motivation dieser Abgrenzung, und sobald man in die Kritik gerät, erfolgt eine Abschottung gegenüber dieser Kritik mit der Einstellung: Wir sind anders und werden von allen Seiten kritisiert. Kritik ist eine Bestätigung dafür, herausgenommen zu sein. Diesem Problem kann ich als Kritiker nicht entgehen, was immer ich sagen werde. Selbstverständlich erfolgen Anfragen von einer Position her, die ihrerseits kritisierbar ist und die es auch sein will. Wenn ich keine kritische Position hätte, würde ich die Anfragen ja nicht zu stellen versuchen. Auf der anderen Seite geht es nicht um eine destruktive Kritik, sondern um einen Beitrag zur Klärung.

I. Allgemeine theologische Anfragen

Besonders auffällig ist, daß das Opus Dei keine eigenständige Theologie entwickelt hat. Es repräsentiert freilich eine Theologie, die einem vertraut vorkommt, wenn sie auch nicht gerade gegenwärtig in der theologischen Literatur besonders vertreten wird. Diese Theologie paßt sich vor allem an die Sprache an, in der theologisch-lehramtlich formuliert wird. Theologisch-lehramtliche Rede tritt mit der Position eines absoluten Wissens als Besitzstand auf. Sie instruiert von oben nach unten. Unsicherheit, dialogische Offenheit und Lernbereitschaft gehören nicht zur Charakteristik dieser Sprache. In Zweifelsfällen wird nicht gefragt, ob das Argument trägt, sondern welchen Verbindlichkeitscharakter die Autorität beanspruchen kann, die hinter der Aussage steht.

Eine Auseinandersetzung auf theologischer Ebene ist dann sehr schwer zu führen, wenn die Theologie des Partners nicht aus ihrer Begründung offenkundig wird, wenn sie mehr deklamiert als argumentiert. Darum mache ich den Versuch, deutlich zu machen, in welchen theologischen Rahmen die Anfragen an den Umgang mit der Sexualität einzubetten sind. Aus der Lektüre der *Statuten*, bestätigt durch den Beitrag von Stephan Puhl, sind mir folgende sechs Punkte deutlich geworden:

1. Die Bezeichnung als »übernatürliches Werk«

Das Opus Dei betrachtet sich als ein »übernatürliches Werk«. Es hat »übernatürliche Ziele«, so heißt es in den *Statuten*, es bewegt sich auf der Ebene des Übernatürlichen, und die einzelnen streben nach »übernatürlichen Tugenden«. Ich habe als Theologe eine grundsätzliche Anfrage: was bedeutet die Vorstellung von einem übernatürlichen Werk dieser Art in der Kirche? Eine solche Vorstellung wurde bisher von einem Orden, wenn ich das richtig sehe, nie entwickelt. Die Orden tragen entweder die Namen ihrer Stifter, ihres Projektes oder ihrer besonderen Verehrungsform. Nun kann man den Genetiv *Dei* als Genetivus objectivus verstehen wie in *amor Dei* (»Gottesliebe«). Das ist aber in diesem Falle nicht naheliegend, denn »ein Werk für Gott« hätte man anders ausdrücken können. So bleibt nur die Auslegung: »Von«, »aus«, »durch« Gott kommt das Werk auf uns zu. Das ist nicht nur die Behauptung eines göttlichen Ursprungs, welche die Inspiration des Stifters mit der Inspiration von Evangelisten gleichzustellen scheint, sondern auch einer kategorischen Wirkweise Gottes in eben diesem sichtbaren »Werk«. Angesichts der kirchlichen Tradition macht mir eine solche Anmaßung in der Selbstbezeichnung theologische Probleme, denn der Begriff »übernatürliches Werk« ist streng auf die Sakramente der Kirche und auf die Kirche selbst als Ursakrament zu begrenzen.

2. Die starke Betonung des Kindgedankens

Selbstverständlich ist das Motiv der Kindschaft ein bedeutsames neutestamentliches Motiv. Dieses Motiv gehört verbindlich in das Gottesbild des Jesus von Nazareth. Es ist ein Gottesbild, das von der Elternschaft ausgeht: »unser Vater« heißt die zentrale Anrede. Wir können das Vaterunser auf Gott als Mutter erweitern. Darauf kommt es hier nicht an. In jedem Fall ist die Kindschaft ein legitimes und verbindliches Bild christlichen Daseins.

Aber Kindschaft ist ein Strukturzug, der im Opus Dei über die Maßen pointiert ist. Angesichts einer solchen Fixierung auf Kindschaft kann die Reaktion nur ein »Ja, aber« sein. Kindschaft

- ja, aber im Sinne des Mündigseins, so wie es vom Apostel Paulus verkündet wird: Als ich noch ein Kind war, redete ich wie ein Kind. Aber jetzt bin ich erwachsen und kann nicht mehr die Milch der Kindheit trinken, sondern muß feste Speise zu mir nehmen (vgl. 1 Kor 13,11 mit 1 Kor 3,1 f). Wir bleiben Gottes Kinder, aber »Gott allein ist gut« (Mt 19,17) und unser Vater. Kindlichkeit zur Struktur des Umgangs mit dem Glauben und mit den Personen einer geschwisterlichen Kirche zu machen, ist mehr als problematisch. Dadurch entsteht unmündiges Christentum und eine Kultur der autoritären Persönlichkeit. Anpassung und Unterwerfung werden als Entlastung von der Freiheit erfahren.

3. Die Askese

Askese ja - aber Humanität hat Vorrang! Ich habe in den *Statuten* gelesen: »Du machst nur so viel Fortschritte, als Du Dir Gewalt antust«. Wenn ich diesen Konflikt mit dem Humanitätsanspruch mit den im Opus üblichen Praktiken (Geißel und Bußgürtel) vergleiche, dann sehe ich nicht mehr die humane Antriebsgestaltung eines Thomas von Aquin vor mir, in welcher die Triebe durch ihre besondere Kultur, nicht durch ihre Verdrängung zu Tugenden werden. Oder ich erinnere daran, daß der selige Heinrich Seuse erst zur wahren Frömmigkeit gelangte, als er auf Rat des Meister Eckhart seine Marterwerkzeuge beiseite legte. Bekanntlich hat Heinrich Seuse in seiner aszetischen Autobiographie solche Werkzeuge der »Abtötung« beschrieben. Die Selbsterniedrigung (*humilitas*) wird hier zur Selbstzerfleischung. Verstümmelung und Krankheit werden riskiert. Sicherlich sind die Praktiken des Opus Dei nur ihrer Herkunft nach, nicht ihrer Aggressivität nach mit solchen Traditionen verbunden. Aber um »Gewalt« darf es in einer menschenwürdigen Askese nicht gehen, vielmehr um Übung der Distanz zu den Gütern, zu sich selbst, zu den Versprechungen wirklichen Erfolgs. Im »Aufstieg der Seele« zu Gott, wie ihn die Mystiker beschrieben haben, gibt es zwar den »Weg der Reinigung« (*via purgativa*), aber hier geht es vor allem um die Reinigung von falschen Vorstellungen. Wie sollte denn auch Aggressivität bekämpft werden, wenn sie gegen sich selbst gerichtet wird? Gottesliebe - im Sinne der von Gott ausgehenden Liebe - richtet sich nach Augustinus auf die richtige Selbstliebe. »Liebe deinen Nächsten, wie du dich selbst liebst, nicht, wie du dich selbst haßt« (*De disciplina christiana*).

4. Die Arbeitsheiligung

Heiligung der Arbeit, des Berufsfeldes, des Alltags - dieser Impuls ist gut nachvollziehbar. Aber in welcher Option, für welches Menschenbild steht dieser Gedanke? Es gibt eine Reihe von Optionen für den Menschen, die man in den Alltag einbringen kann, und es scheint mir problematisch zu sein, wenn ich in den *Statuten* lese, daß das Gebot zur Arbeit als allgemeine Bestimmung des Menschen aufgefaßt wird. Außer bei Karl Marx habe ich bisher nicht lesen können, daß die Arbeit die allgemeine Bestimmung des Menschen ist. »Arbeit« heißt ja ursprünglich »Mühsal«. Mit der Vertreibungsgeschichte aus dem Paradies ist eine Zuweisung solcher Mühsal verbunden. Arbeit ist Sündenfolge, soweit sie eine abhängige, in Zeit und Sache äußerlich diktierte Tätigkeit ist. Sie mag zur Existenzerhaltung notwendig sein und, insofern wir uns selbst erhalten wollen, mag es auch ein »Recht auf Arbeit« geben. Aber die freie Tätigkeit des Menschen - in der Tradition die *vita activa* - ist nicht primär Arbeit (obwohl es auch in der Arbeit freie Tätigkeit geben kann), sondern das souveräne Wirken, in welchem Sachsouveränität, Zeitsouveränität und personale Souveränität des Menschen sich ausdrücken.

5. Der Gehorsam

Gehorsam ja, aber auf der anderen Seite brauchen wir den aufrechten Gang des Christenmenschen; ein Strukturzug übrigens, der sich in den *Statuten* auch, freilich selten, findet. An mehreren Stellen wird die »Freiheit, an der die Mitglieder des Opus Dei im allgemeinen teilnehmen«, betont. Das Problem scheint freilich zu sein: ist denn diese allgemeine Freiheit des Christenmenschen im Hinblick auf die Zielbestimmungen des Opus Dei außer Kraft gesetzt? Soll etwa die Deklamation der allgemeinen Freiheit die konkrete mitgestaltende Freiheit ersetzen?

6. Die Anonymität

Die Anonymität des Opus Dei wird in dessen eigenen Worten als »kollektive Bescheidenheit« gekennzeichnet. »Kollektive Bescheidenheit« bedeutet, daß das Opus Dei nicht als Verband gemeinsam öffentlich auftritt. In der Öffentlichkeit gilt eine gewisse Zurückhaltung hinsichtlich der Bekanntgabe der eigenen Mitgliedschaft.

Ich stelle die Frage: ist Transparenz nicht wichtiger als Understatement, wenn man Aufrichtigkeit anstrebt und die Fähigkeit zum aufrechten Gang im übertragenen geistig-geistlichen Sinne fördern will? Man gelangt leicht zu der Vermutung, eine restriktive Schulung und Einbindung der Psyche der Mitglieder sei eine Voraussetzung für die Unsichtbarkeit des Kollektivs. Es regiert durch die Seele der Personen, nicht durch kollektive Entscheidungen. So ist die Diktatur des ganzen, die durch die Person des einzelnen geht, nicht mehr hinterfragbar, auch von einzelnen Mitgliedern nicht, insofern Entscheidungen auf der Einbahnstraße von oben nach unten fallen.

Die größten Verfehlungen, die im Christentum nach jesuanischer Ansicht begangen werden können, sind Verfehlungen gegen die Aufrichtigkeit. »Der Teufel ist der Vater der Lüge«, der Teufel wird nicht etwa als der Vater der Lust bezeichnet. Daß die Sünden im Bereich der Sexualität nicht die schwersten Sünden seien, ist ebenso richtig, wie daß es, bei aller legitimen Zurückhaltung, unerlaubt ist, die Menschen über seinen Status zu täuschen, wenn man mit ihnen leben, mit ihnen Geschäfte machen oder gar auf sie Einfluß nehmen will.

II. Anfragen zur Sexualität

1. Der Stellenwert der Sexualität

Wenn sich die Frage nach Gut oder Böse, richtig oder falsch nicht primär auf der Ebene der Sexualität beantworten läßt, dann muß man an das Opus Dei die Frage stellen: ist der Stellenwert der Sexualität in den Schriften, in denen man die Meinung des Stifters zu Lebensfragen nachlesen kann, nicht zu groß? Ich stelle keineswegs die Behauptung auf, daß die Bücher von Escrivá sich *vorrangig* auf den Umgang mit der Geschlechtlichkeit beziehen. Aber wenn man die zehn Gebote zum Vergleich heranzieht, bekommt man doch den Eindruck, daß das sechste Gebot eine gewichtigere Rolle spielt, als man im Vergleich mit anderen Geboten erwarten würde.

2. Vorrang der Vermeidungsimperative

Die zweite Anfrage hängt damit zusammen: Inwieweit ist der Umgang mit der Sexualität - im weiteren Sinne mit der Geschlechtlichkeit des Menschen - allzusehr bestimmt durch Gebote des Negativen: das Schlechte zu vermeiden, das Falsche nicht zu tun, und damit verbunden sind Feindbilder, in denen die Herabsetzung der sexuellen Körperlichkeit zum Ausdruck gebracht wird.

Die beiden Leitbilder, die in den *Statuten* des Opus Dei benannt werden, sind die Reinheit und die Keuschheit. Wenn wir das Leitbild Reinheit auf die neutestamentlichen Schriften zurückführen, wird ganz deutlich, daß dort Reinheit auf den ganzen Menschen bezogen ist. »Ist dein Auge rein, so ist dein ganzer Leib rein« (Mt 6,22). Nicht die sexuelle Körperlichkeit, sondern die leiblich-geistige Erfahrungseinheit (hier im visuellen Bild) ist entscheidend. An keiner Stelle, vielleicht von einigen paulinischen Beispielen abgesehen, wird »Reinheit« nur in den Bereich der Sexualität hingeführt. Wenn es um die Einbindung der Sexualität in das jeweils erreichbare »Mehr an Liebe« geht, dann ist die Frage, warum das nicht in dieser Klarheit in den *Statuten* des

Opus Dei auftaucht. Inwieweit steht also die Sexualität unter der Vorherrschaft von Verboten, von Vermeidungsimperativen?

3. Alternativismus

Alles, was ich beim Opus Dei über Sexualität gelesen habe, ist von einer Alternativsprache beherrscht. »Wir« sehen das anders als die anderen. Es wird eine Alternative aufgebaut: hier christliches Leben - dort allgemein säkulares Leben. Feindbilder werden bevorzugt, wie etwa die Vorstellung, daß eine Gesellschaft, wo es nicht nach christlichen Voraussetzungen zugeht, der Herrschaft des »Hedonismus« unterliegt, also einer Lustorientierung und Lustmaximierung.

Richtige Gesellschaftsanalyse ist eine Voraussetzung dafür, daß man zu einer ethisch richtigen Erkenntnis sowohl auf philosophischer wie auch auf theologischer Ebene gelangt. Das globale Urteil »Hedonismus« müßte man aus einer gründlichen Gesellschaftsanalyse heraus bestreiten. Was die lebensweltlichen Optionen in der Geschlechtlichkeit betrifft, so haben wir in unserer Gesellschaft ein sehr unterschiedliches Bild, das nicht einfach mit einem Ja oder Nein, mit einfachen Alternativen, Feindbildern oder gar Denunziationen zu erfassen ist. Wer viel mit säkularen Jugendlichen zu tun hat, käme gar nicht auf die Idee, ihnen zu unterstellen, daß ihre Auffassungen unter die Idee des Hedonismus, also des willkürlichen Lustgewinns, zusammenzufassen wären. Sie folgen zwar durchaus nicht in allem christlichen Leitbildern, aber nach dem »Mehr an Liebe« streben sie auch.

4. Überspringen der Wirklichkeit

Damit hängt eine vierte Anfrage zusammen: Inwieweit wird bei der Zielorientierung des Opus Dei die Wirklichkeit übersprungen? Ist es vielleicht gerade dieser Hang zur Festlegung des »Übernatürlichen« in einem Forderungskatalog, wie er an verschiedenen Stellen zum Ausdruck kommt, der das Opus Dei den Grundsatz des Thomas von Aquin vergessen läßt: »Die Gnade setzt die Natur voraus, erhebt und vollendet sie«?

Die Formel weist darauf hin, daß man sich erst dann mit der (natürlichen) Wirklichkeit auseinandergesetzt hat, wenn man an ihr eine genaue Analyse und eine Unterscheidung der Geister vorgenommen hat. Wenn man das nicht tut, sondern wenn man sich gegenüber der Wirklichkeit durch allgemeine Verdikte abhebt, dann wird auch die Sprache abgehoben. In der Sprache ist dann keine Realität mehr zu greifen, sondern man redet sich sozusagen in ein Leben oberhalb der Wirklichkeit hinein. Das Leben in der Gnade wird dann so aufgefaßt, daß es ein Wahrnehmen der Wirklichkeit, wie sie ist, verhindert und die Orte des Übernatürlichen in einer Scheinwirklichkeit fixiert. Dadurch wird die spirituelle Lebensform zu einem ideologisch befestigten »Als-ob-Leben«. Zum eigenen realen Leben sagt man dann ständig: es gibt immer wieder Rückfälle. Aber eigentlich lebe ich auf der anderen Ebene, auf der Ebene des Übernatürlichen.

Es wäre theologisch nicht richtig, die christliche Existenz als ein Leben auf der Ebene des Übernatürlichen zu charakterisieren. Ich bin aber nicht sicher, auch angesichts des Mangels theologischer Reflexion, ob das denn im Opus Dei gemeint ist. Mir fällt jedenfalls auf, daß die Sprache oft abstrakt, formal und abgehoben ist. Daran ändern auch Bilder und Vergleiche nichts. Diese abgehobene Sprache wird beispielsweise deutlich, wenn es um die Frage geht, ob eine 35-40jährige Frau noch ein Kind haben sollte. Das ist ja eine äußerst komplexe Frage, die sich nicht auf die Überlegung reduzieren läßt, ob man einen Schwangerschaftsabbruch toleriert oder nicht. Kinder kriegen in diesem Alter ist auch eine Frage der allgemeinen vorausgehenden Verantwortung. Das meine ich mit dem Hineinnehmen der Wirklichkeit. Übersprungene Wirklichkeit rächt sich durch Neurosen. Diese benützen sich dann selbst als Legitimation zur Abwehr der Wirklichkeit: ein ideologischer Kreislauf ohne Entrinnen.

5. Freude durch Pflicht

Gern wird im Opus Dei der Ausdruck »lächelnde Askese« gebraucht. Solche Metaphern sind bei Gruppen, die sich sehr von ihrer Umwelt abheben wollen und die mit einer starken inneren

Bindung leben und damit eine, wie ich meine, eigene Schwäche zu überwinden trachten, gebräuchlich, nicht nur im Opus Dei. Ich bestreite nicht, daß es einen Zusammenhang von Pflicht und Freude geben kann. Aber eine starke Betonung der Pflicht und eine ebenso starke Betonung des Trotzdem-Lächelns führt zu einer Uniformierung von Pflicht und Freude in ihrer Zusammengehörigkeit: das schafft für mich so eine Art Maske, in der die Spontaneität durch ihre ständige Überwindung nicht mehr in die Lage versetzt wird, durch die Maske hindurchzubrechen. Auch dies ist nur eine Anfrage. Aber diese Anfrage muß, weil es sich um ein Phänomen sich abhebender Gruppen handelt, von den Betroffenen doch sehr ernst genommen werden.

6. Jesus, Maria und Josef als »historische« Vorbilder

Das Überspringen von Wirklichkeiten, ihre Reduktion auf eine bestimmte Stelle, in der man sich abstößt, ist oft damit verbunden, daß man die neue Wirklichkeitsebene, auf die man hinausspringt, durch eine Projektion erreicht. So wird zum Beispiel die Frömmigkeit auf eine Ebene »30 Jahre Leben Jesu vor seinem öffentlichen Auftreten« projiziert (Opus Dei). Diese Ebene historischer Vorbildlichkeit wird postuliert. Maria, im Sinne ihrer Vorbildgestalt, Josef, der Arbeiter und Handwerker, die tätige Heilige Familie werden beschworen. Wie in ausmalenden Predigten oder nazarenischen Bildern wird ein unmittelbarer Kontakt hergestellt. Das Leben der hl. Familie wird gleichsam im Rückwärtsgang aus ihrer Heiligkeit erfunden. Das Problem ist, daß wir über all das sehr, sehr wenig wissen. Um so weniger dürfen wir hineinprojizieren, obwohl die Versuchung besonders groß ist, bei historischen Lücken Phantasie zu entfalten. Selbstverständlich gibt es eine berechtigte Projektion von Phantasien. »Ich sehe Dich in tausend Bildern, Maria, lieblich ausgedrückt« (Novalis). Ich glaube, daß uns wirklich etwas fehlen würde, wenn es diesen bilderreichen Aufbruch der mariologischen Frömmigkeit nicht immer wieder gäbe. Ein Theologe muß jedoch über die Dinge, die ihn begeistern, auch reflektieren und sich die Unterscheidung der Geister zur Aufgabe stellen.

Die Gefahr, wenn man etwas hineinprojiziert, besteht darin: man stellt das Wunschbild selber her und erhöht es durch ein normatives Etikett, nach dem man sich dann richtet. So etwas gibt es ja nicht nur außerhalb der Kirche, beispielsweise bezogen auf die Verehrung von Götzen, so etwas gibt es auch innerkirchlich.

Für mich wird das daran erkennbar, wie stark solche projizierenden Kräfte darauf reagieren, wenn etwa Maria wirklich historisch gesehen wird. Das kann man bei den neutestamentlichen Schriftstellen überprüfen, wenn man zum Beispiel den Stammbaum Jesu bei Matthäus heranzieht. Dort sieht man Maria in der Reihe der alttestamentlichen Frauen Thamar, Ruth, Batseba, sogar der Dirne Ahab. Man fragt sich, was hat sich Matthäus dabei gedacht, wenn er Maria in diese Reihe gestellt hat? Damit wollte er nichts Negatives über Maria sagen, sondern darin kristallisiert sich das Bild einer wagemutigen Frau heraus, die ihre Existenz riskiert. Dieses Bild ist nicht auf die Idee der Reinheit oder Sündelosigkeit bei Maria bezogen, sondern auf die Idee des mutigen Risikos. Wir sehen das Bild einer Grenzgängerin, die entschlossen ins Unbekannte aufbricht. Auch bei Matthäus sind dies Bilder, aber sie sind doch dem Original näher als unser Wunschdenken, das ein normatives Marienbild, das erst in der Kirchentradition des Glaubens entstanden ist, auf eine Bibelstelle projiziert.

Eine exakte Analyse dieses Textes zum »Stammbaum Jesu« durch Frau Dr. Sylvia Schroer ist ein Grund dafür gewesen, daß sie das »nihil obstat« für eine Professur nicht erhalten hat. Sie hat etwas herausgestellt, was theologisch absolut exakt und richtig ist, und wenn man jemandem einen Vorwurf machen muß, dann eben dem Evangelisten Matthäus. Dies ist ein Beispiel für die Wirksamkeit solcher Projektionen. Umso mehr muß man vor ihnen warnen.

Es könnte sein, daß diese Art des postulatorischen Bildes und der Projektion nicht mehr zuläßt, *daß man zu den Texten der eigenen Offenbarung ein unbefangenes Verhältnis hat*. Das gilt nicht nur für das Opus Dei. Leider ist eine solche Unbefangenheit auch sonst nicht die Regel.

Ich bin mir bewußt, daß ich damit nur eine Seite genannt habe. Selbstverständlich gibt es auch eine andere Seite: die kirchliche Tradition mit ihrer Entwicklung von Glaubensüberzeugungen und Glaubensbekenntnisssen, in denen zum Ausdruck gebracht wird, welche Bedeutung Maria hat. Diese Tradition ist wichtig. Aber es wäre sehr gefährlich, wenn man diese Tradition wie einen Kleiderständer benutzen würde, an den man die als historisch ausgegebenen, eingebildeten Kleider aufhängt, die man in der Spiritualität gerne anziehen möchte und die so oft des Kaisers neuen Kleidern gleichen.

7. Übertriebenes Sekuritätsbedürfnis statt »Ungewißheit und Wagnis« (Peter Wust)

Das Opus Dei stellt eine Gruppe dar, in der ein hohes Maß an freiwilliger Fremdkontrolle vorhanden ist. Es ist nicht nur Selbstkontrolle üblich, sondern eine besondere Bereitschaft zu freiwilliger Fremdkontrolle wird eingefordert. Ich weiß nicht, wie groß diese Forderung für die im einzelnen unterschiedlichen Mitgliedschaftsstrukturen ist, aber es gibt die Leitung des Werkes, es gibt dazu einen, der einen persönlich berät, und dann gibt es noch dazu den Beichtvater. Diese drei Figuren, die als leitende Kräfte im Leben eines Numerariers eine Rolle spielen, machen doch sehr deutlich: Der Vorrang der Kindschaft drückt sich darin aus, daß ein Leben ohne väterliche Strukturen nur sehr schwer akzeptiert werden kann. Ein solches Leben ist im Übermaß auf Sicherheit und Geborgenheit in der Autorität, im großen Ganzen, im überlegenen anderen ausgerichtet. Mir fällt das Sekuritätsbedürfnis im Opus Dei, auch diese ganze Bildwelt, die mit dem Sekuritätsbedürfnis verbunden ist, besonders auf, also das »Abstauben«, das »Sauberwerden«, den »Schmutz wegtun« usw. Diese ganze Bildwelt macht mir zu schaffen.

Wenn ich beispielsweise an die wöchentliche Beichte der Opus-Dei-Mitglieder denke, ganz abgesehen von dem darin enthaltenen Sakramentalismus, dann ist mir noch einmal bewußt, wie wenig darin ein Strukturzug zur Geltung kommt, der sowohl moderne Theologie als auch aufgeschlossene christliche Lebensformen kennzeichnet: die Diagnose der eigenen Sündhaftigkeit und die Zusage der Vergebung und Versöhnung ist mit der *communio* des Zweiten Vatikanischen Konzils eine Sache der Gegenseitigkeit geworden. Wenn wir beispielsweise über die Ehe reden, so ist die Vergebung zunächst einmal eine Sache zwischen Mann und Frau. Die Verschwiegenheit hinsichtlich der eigenen Sündhaftigkeit, die früher zwischen Eheleuten bestand, die eigens einen Priester brauchte, oder die Verschwiegenheit, die früher zwischen Eltern und Kindern bestand und die ebenfalls einen Priester brauchte: beide Formen der Verschwiegenheit existieren so nicht mehr. In der neuen Entwicklung eines christlichen Familien- und Ehelebens geschieht dieses Umdenken auch aus weltlichen Gründen. Denn in der Welt gibt es die positiven »Zeichen der Zeit«. Weil diese positiven Zeichen der Zeit aufgenommen worden sind, haben wir eine Lehre von Umkehr und Vergebung, die der Frage nach dem Sakrament der Buße einen anderen Stellenwert gibt. Wenn sich die Menschen voreinander, miteinander und zueinander bekennen können, sind neue Formen der Buße möglich.

Ein Rückzug in dieses Sekuritätsbedürfnis und ein Zurückbleiben hinter den »Zeichen der Zeit« muß sich eine Anfrage gefallen lassen. Dabei zeigt sich, wie sehr eine vorkonziliare Ekklesiologie oder Kirchenlehre und eine vorkonziliare Sexualitätsauffassung zusammengehören. Die neue Communio-Ekklesiologie bedingt neue Einstellungen zu leiblichen Gemeinschaften und neue Formen des Lebens in geschwisterlicher Vergebung und Versöhnung.

8. Klerikalismus

Das Opus Dei ist als Laienbewegung gekennzeichnet, und in dieser Laienbewegung spielt die christliche Berufung zur Ehe eine große Rolle, so daß auch zahlenmäßig der größte Teil der dem Opus Dei zugehörigen Personen verheiratete Christen und Christinnen sind. Ich verstehe nicht, wieso diese Aufwertung des Laienlebens, die ja auch einen Strukturzug des Konzils darstellt und die von Theologen wie Yves Congar oder Alfons Auer theologisch ausgeformt worden ist, noch einmal durch die Verbindung von Ehelosigkeit und Numerarierdasein überboten wird, so daß klerikale Führung und »eigentliche« Mitgliedschaft (die anderen Mitglieder sind ja bloß die »Dazugezählten«) mit Ehelosigkeit verbunden sind und so ständig diese christliche Berufung zur Ehe überlagern, die ja nach Übereinstimmung aller Theologien des Laientums doch eine Form darstellt, in der gerade sich die Spezifität des Weltlebens und des Weltethos in besonderer Weise ausdrückt. Ob diese »Laientheologie« für alle Zeiten so sein muß - sie bleibt eine geschichtlich gewachsene Theologie - ist eine Frage, auf die ich jetzt nicht eingehen will. Wahrscheinlich wird in der Zukunft die Idee des allgemeinen Priestertums aller Gläubigen stärker eingelöst werden, als dies nach dem Konzil geschah.

In der Struktur des Opus Dei haben wir eine Hierarchie-gestützte, der Hierarchie anvertraute und klerikal geführte Apostolatsbewegung vor uns. Das wäre das Gegenstück zu dem, was Karl Rahner die *actio catholicorum* genannt hat, nämlich der selbstverantwortliche und mündige Weltdienst des Laien. Eine solche Bewegung bleibt gegenüber einem Dokument wie der Pastoralkonstitution *Gaudium et Spes* vorkonziliar. Nun ist »vorkonziliar« ja auch recht und in der Kirche legitim, aber ein Entwurf für eine neue Zukunft ist es nicht.

9. Das Bild der Frau

Ich habe über das Bild der Frau in den Schriften des Opus Dei nicht viel gefunden, und deswegen kann ich aus Beiträgen des Opus Dei nur etwas erschließen. Darin kommt ein starkes Ressentiment gegenüber dem Feminismus oder gegenüber der Emanzipation der Frau zum Ausdruck. Das hat etwas mit dem zu tun, was ich »Alternativismus« genannt habe: es gilt, den Punkt zu finden, an dem man sich abstößt. Man könnte nun gegenüber dem Anti-Feminismus des Opus Dei einen Anti-Anti-Feminismus entwickeln und das so weitertreiben. Das wäre vor allem eine Kritik an der im Opus Dei üblichen Rollenfixierung von Frau und Mann.

Wenn es einen Strukturzug unserer heutigen dynamischen, in Bewegung befindlichen Wirklichkeit gibt, so ist es der, daß Frauen sich in ihrer Eigenständigkeit *selbst* entdecken, und zwar nicht nur emanzipativ, sondern auch im Sinne schlichter Unterscheidung vom Mann. Diese Unterscheidung liegt freilich auf anderer Ebene als bisher. Das heißt: diese Unterscheidung Mann-Frau wird nicht mehr der Frau vom *Mann* zugewiesen und dann akzeptiert und internalisiert, sondern diese Unterscheidung wird aus den eigenen Kräften *der Frauen selbst* gefunden, und dadurch entsteht eine neue Machtverteilung zwischen den Geschlechtern. Dieses Thema einfach abzuweisen und sich mit ihm nicht konstruktiv integrierend auseinanderzusetzen, ist ein Manko. Beim Opus Dei führen Frauen Frauen, aber keine Männer; nur Männer führen Männer und Frauen. Männer bestimmen auch die Art der Differenz zwischen Mann und Frau.

10. Widerspruch und mündige Mitarbeit in der kirchlichen Sexualethik?

Gehorsam ja, aber mit aufrechtem Gang; Anonymität nein, statt dessen Transparenz. Damit bin ich wieder an meinem Ausgangspunkt angelangt; die Anfrage erfolgt ja aus einer Position heraus. Es scheint mir fair zu sein, wenn jemand, der eine Anfrage hat, diese Position offenlegt; denn damit wird er in einem guten Sinn angreifbar, und ich will ja selber auch angreifbar sein. Das Unangreifbare zu suchen, ist eigentlich die Gefahr. Ich denke, unter dem Stichwort der Communio-Ekklesiologie, also einer freien und offenen kirchlichen Kommunikation, einer Vorstellung von der Kirche als Kommunikationsgemeinschaft, brauchen wir so etwas wie eine innerkirchliche kritische Öffentlichkeit. Wir brauchen sie angesichts des Strukturzugs »Öffentlichkeit« in unserer Gesellschaft auch im Übergang zwischen Kirche und Gesellschaft.

Das heißt: wir müssen so etwas wie Öffentlichkeit positiv besetzen, wenn das auch bedeutet, daß man dabei das eine oder andere an Kritik zu ertragen hat. In der Diskussion zwischen Kirche und Öffentlichkeit kann ich oft nicht verstehen, wenn etwa aus hierarchischen Kreisen in der Öffentlichkeit gesagt wird, daß man bestimmte Dinge nicht öffentlich zu behandeln habe. Man wird ständig durch das Monopol »Öffentlichkeit«, das die Hierarchie in der Kirche für sich in Anspruch nimmt, dazu gedrängt, sich zu entscheiden, ob man immer intern bleibt oder ob man dieses Monopol durchbricht.

Ich habe selber einige Erfahrungen auf diesem Gebiet gemacht, und ich weiß, daß, wenn man zum Beispiel intern eine kritische Eingabe macht, man nicht einmal erwarten kann, daß sie einem postalisch bestätigt wird.

Öffentlichkeit war das Mittel der Bürger und Bürgerinnen gegen den weltlichen Absolutismus, und Öffentlichkeit bleibt das richtige Mittel von Christen und Christinnen gegenüber kirchlichem Absolutismus. Auf dem Hintergrund einer Position, die eine innerkirchlich-kritische Öffentlichkeit erwartet und verlangt, auf dem Hintergrund einer Communio-Ekklesiologie, die die Partizipation aller an den sie betreffenden Entscheidungen verlangen muß, auf dem Hintergrund der katholischen Soziallehre, die ja schließlich nicht nur nach außen geltend gemacht werden kann, die auch *nach innen* geltend gemacht werden muß, scheint es mir notwendig zu sein, und das sage ich bewußt angesichts der Bevorzugung von Gehorsam und Anonymität durch das Opus Dei, auch Widerspruch, und zwar öffentlichen Widerspruch, in der Kirche zu dulden.

Das ist erklärterweise nicht das Ziel von Opus Dei, sondern das Gegenteil davon. Öffentlicher Widerspruch in der Kirche ist aber aus verständlichen Gründen heute auf dem Gebiet, über das wir reden, nämlich dem Gebiet der Sexualität, ungern gesehen.

Ein Beispiel dafür: die homologe Insemination. Das bedeutet, daß unter Ehepartnern bei Behinderung einer Empfängnis und des Beginns einer Schwangerschaft, falls diese Therapie dafür geeignet ist, durch eine künstliche Befruchtung eine Schwangerschaft eingeleitet wird. Es ist natürlich keine künstliche Schwangerschaft, weil es sich um die »natürlichen Gaben der Schöpfung« handelt, denen hier nur geholfen wird. Wenn nun diese künstliche Befruchtung in der Ehe (homolog = in Übereinstimmung der Ehepartner) vom Lehramt der Katholischen Kirche radikal abgelehnt wird, und das wird sie[1], dann scheint es mir durchaus sinnvoll und notwendig zu sein, daß es so etwas gibt wie einen Widerspruch in der Kirche. In diesem Falle ging er vor allem von den katholischen Universitäten aus, die ja auch medizinische Fakultäten, Kliniken, haben. Ein solcher Widerspruch in der Kirche bringt die Glaubenskongregation und die hinter der Glaubenskongregation stehende höhere Autorität dazu, diese Position noch einmal zu überdenken. Manchmal geschieht ein solches Überdenken in der Tat. Aber es geschieht nicht ohne Druck der innerkirchlichen kritischen Öffentlichkeit. Ich habe seit 1987 genau hingehört, was Kardinal Ratzinger gesagt hat, und ich hatte dabei den Eindruck, er überdenkt diese Position. Er hat später auch öffentlich gesagt, man kann darüber diskutieren. Für mich ist das eines der Beispiele, daß sich manchmal doch etwas bewegt, und das kann sich nur dann bewegen, wenn eben nicht Anonymität und Gehorsam auf diesem exponierten Feld der christlichen Sexualethik im Vordergrund stehen, sondern unter der Autorität der christlichen Freiheit mündige Christenmenschen mit einem aufrechten Gang mitentscheiden. Im Dienst der Loyalität zur Kirche steht der öffentliche Widerspruch. Wenn das Opus Dei die Kirche in Analogie zu einem straff geführten Wirtschaftsunternehmen oder gar zu einem Staat mit schlagkräftiger Geheimtruppe sieht, dann sollte es überdenken, ob solche Analogien auf Jesus von Nazaret zurückgeführt werden können.

Ich habe eine Reihe von Anfragen zugemutet, und ich habe dabei gelegentlich die Hoffnung angedeutet, daß es auch Antworten auf diese Anfragen geben könnte. Ich hoffe darauf, daß das Opus Dei die öffentliche Diskussion sucht und in einen Dialog eintritt, in dem alle Beteiligten sich ändern können und wollen.

1 Vgl. etwa das Dokument der Glaubenskongregation von 1987: *Donum Vitae*.

Peter Hertel

Eine unheimliche Macht? Kirchlicher und gesellschaftlicher Einfluß des Opus Dei

1. Gesellschaftliche Tätigkeiten der Opus-Mitglieder

Bevor ich auf die gesellschaftliche Arbeitsweise von Opus-Dei-Mitgliedern eingehe, möchte ich eine wahre Geschichte berichten über das Opus-Dei und sein Mitglied José María Ruiz Mateos, Gründer und Leiter des seinerzeit größten spanischen Privatkonzerns, der Rumasa, die zunächst Sherry produzierte (Marke Dry Sack).[1]

Mit dem Präsidenten der spanischen Volksbank, mit dem Industrieminister und mit dem Präsidenten der Vereinigung der spanischen Privatbanken verbanden ihn Freundschaften. Alle drei waren ebenfalls Mitglieder des Opus Dei.[2]

Die Freundschaften trugen zum Aufstieg vom Weinproduzenten zum mächtigen Konzernherrn bei. Ruiz Mateos kaufte und kaufte, und er baute ein gigantisches, multinationales Firmen-Konglomerat auf aus rund 600 Unternehmen, 20 Banken und mit 60 000 Angestellten.

Mit dem Präsidenten der Volksbank repräsentierte Ruiz Mateos, wie er es ausdrückte, die »wirtschaftliche Kampfkraft des Opus Dei in Spanien«. Strohmänner-Firmen entstanden, Scheingewinne wurden gemacht, und das Opus Dei habe, wie Ruiz Mateos später sagte, durch Schenkungen, die man ihm abgenötigt habe, kräftig mitverdient.

Im Auftrag der spanischen Finanzbehörden sollten die Risiken überprüft werden, die der Konzern eingegangen war. Als Ruiz Mateos ein Ultimatum erneut ignorierte, wurde er enteignet, da-

1 *E. Ekaizer*, José María Ruiz Mateos. El Ultimo Magnate, Barcelona 1985, 844 S., bietet die umfassendste Darstellung (mit Dokumenten) des Falles.

2 *P. Calderoni*, Parla Ruiz Mateos. La Cassaforte dell' Opus Dei, in: L'Espresso, 4 Maggio 1986, 34-37.

mit Schaden verhütet und Arbeitsplätze gerettet würden. Wie sich herausstellte, hatte er den Rumasa-Konzern um - umgerechnet - vier Milliarden Mark überschuldet.

In der Untersuchungshaft sind dem einst so mächtigen Opus-Dei-Mann Zweifel an seinen ehemaligen Freunden im Opus Dei gekommen. Ihm ist nämlich aufgefallen, daß nur *er* als Schuldiger dastehe. Damit die anderen ihre Haut retten könnten, so meinte er, hätten sie ihn in einer Art Verschwörung zum Sündenbock auserkoren. Das wollte er nicht mitmachen, weshalb er zu reden begann. Zwei führende Mitglieder aus der spanischen Leitung des Opus Dei, die er namentlich nannte, hätten ihm nicht nur mehrfach Geld für das Opus Dei abverlangt und ihrerseits Devisen geschmuggelt, sondern sogar die Konten genannt, auf die er dann gezahlt habe.[3] Er legte 15 Fotokopien von Bankauszügen vor, um zu beweisen, daß Opus-Mitglieder und Opus-nahe Institutionen tief in der Affäre steckten.[4] Der Prozeß fand nie statt, was nach hartnäckigen Informationen damit zu tun hatte, daß es sich auch bei Fernando Jiménez Lablanca, dem Staatsanwalt, um ein Opus-Mitglied handelte. Ruiz Mateos beschuldigte ihn, von den Überweisungen gewußt zu haben.[5]

Zieht man alle Summen in Betracht, die bei diesem Konflikt der Opus-Familie zur Sprache gebracht wurden - soweit der Konflikt öffentlich wurde -, dann kommt man auf mehr als 50 Millionen Dollar. Spanische Zeitungen meinten, es handle sich nur um die Spitze des Eisbergs. In Wirklichkeit seien weit höhere Beträge aus dem Rumasa-Konzern in die Opus-Arbeit geflossen.[6]

Das Opus Dei hat diese Darstellungen entschieden zurückgewiesen. Ruiz Mateos habe die Fakten verfälscht.[7] Und außerdem

3 Ruiz-Mateos acusa a tres directivos del Opus Dei de delitos monetarios, in: El País, Madrid, 25 de julio de 1986.

4 Ruiz-Mateos da pruebas de que transfirió 910 millones al Opus Dei en Suiza, in: El País, Madrid, 21 de junio de 1986.

5 Ruiz-Mateos acusa a Jiménez Lablanca de conocer la entrega de dinero al Opus Dei a través de Suiza, in: El País, Madrid, 20 de junio de 1986.

6 El Estado abonó 1588 milliones de pesetas al Opus Dei después de la expropiación de Rumasa; Dineros administrados, in: El País, Economía-Trabajo, Madrid, 29 de junio de 1986.

7 La Obra de Dios replica al fianciero jerezano, in: El País, Economía-Trabajo, Ma-

diene das Werk nur religiösen und geistlichen, nicht aber gesellschaftlichen, ökonomischen und politischen Zielen.[8]

Hier kommen wir zum theoretischen Kern der politischen und gesellschaftlichen Arbeitsweise der Prälatur.

Die Prälatur Opus Dei behauptet, sie sei ein »übernatürliches Unternehmen«, das keine weltlichen, erst recht keine politischen Ambitionen habe. »Ziel und Mittel« seien »gänzlich und ausschließlich übernatürlicher, geistlicher und apostolischer Art«[9]. Sie stelle den Mitgliedern das geistliche Rüstzeug für Alltag und Beruf zur Verfügung.

Dieser Auskunft hat selbst Radio Vatikan widersprochen: »Es ist zwecklos zu leugnen, daß das Opus Dei in manchen Ländern großen Einfluß im politischen, wirtschaftlichen und kulturellen Bereich besitzt.«[10]

Auf Vorwürfe solcher Art entgegnet das Opus Dei: nicht die Organisation, sondern nur das einzelne Mitglied sei gesellschaftlich tätig. Sein Beruf aber sei seine Privatsache, in die sie sich nicht einmische. Als geistliche Einrichtung diene sie dem *übernatürlichen* Wohl des Mitglieds.

Diese Trennung zwischen der Natur und Übernatur des Mitglieds, seine Aufspaltung in eine geistliche und weltliche Hälfte, bedeutet: das Werk Escrivás wird im juristisch-formalen Sinne nie selber als Träger tätig. Konkret beschäftigt es sich nicht mit politischen und gesellschaftlichen Dingen. Tätig werden vielmehr einzelne Personen, die durchaus für das Opus Dei und im Sinne des Opus Dei wirken. Aber ihre Beziehungen zum Opus Dei bleiben der Öffentlichkeit in der Regel verborgen, weil sie ja als

drid, 21 de junio 1986; Miembros del Opus Dei niegan las acusaciones de Ruiz-Mateos, in: El País, Madrid, 26 de julio de 1986.

8 *T. Gutiérrez*, Vicario del Opus Dei, Atacan a la Obra los Enemigos de la libertad, in: Epoca, Madrid, 11. August 1986, 12.

9 Brief »Non ignoratis« Escrivás vom 2. Oktober 1958, Nr. 1, lateinisch unter dem Titel »Nostri Desideratissimi Conditoris 'Non ignoratis'«, Romae 1982. Vgl. auch »De Spiritu et de piis servandis Consuetudinibus« (Geist und Fromme Gewohnheiten), Nr. 11, Romae 1990.
Daß die Mittel erst gar nicht hinterfragt werden, erhellt ein Zitat Escrivás: »Die Mittel interessieren uns nicht um ihrer selbst willen, sondern allein und ausschließlich zur Rettung der Seelen« (Crónica, 1964, Heft 4).

10 *H. Segur*, Orden stellen sich vor, Radio Vatikan, 4. September 1979.

Privatpersonen tätig sind, nicht aber - juristisch gesehen - im Auftrag des Opus Dei.

Aus diesem Grund kann die Organisation juristisch nie für die Tat eines Mitglieds verantwortlich gemacht werden. Sie ist praktisch unangreifbar und kann sich stets als unbeteiligt ausweisen. Die Dementis lauten dann etwa: Dies und das ist die Privatsache des Herrn X oder der Frau Y. Das Opus Dei hat damit nichts zu tun, weil seine Ziele rein religiös sind.

Das Opus Dei ist juristisch also kaum zu fassen. Auf diese fromme und weltliche Doppelbödigkeit der Organisation hat mich ein englischer Priester aufmerksam gemacht: Vladimir Felzmann, der 22 Jahre Opus-Mitglied war und den Gründer gut kannte. Er wies mich auf das Geld hin, das dem Opus Dei nicht gehört, wenngleich es darüber verfüge:

»Juristisch gesehen hat das Opus Dei sehr wenig Geld. Juristisch, dem Gesetz nach. Aber in Wirklichkeit ist es anders. Beispielsweise in diesem Land [also in England] ... besitzt Opus Dei nicht viel. Alles besitzt die Netherhall Educational Association, die rechtlich gesehen nicht dasselbe wie Opus Dei ist ... Sie ist eine Korporation, eine wohltätige Stiftung. Aber die Mitglieder des Leitungsgremiums der NEA sind Mitglieder des Opus Dei ... Wenn Sie zum Beispiel den Wunsch gehabt hätten ..., dem Opus Dei 1000 Pfund zu stiften, dann hätten die Leiter [des Opus Dei] geantwortet: Könnten Sie den Scheck bitte auf die Netherhall Educational Association ausstellen, nicht auf das Opus Dei? Aber trotzdem wäre Ihnen klar gewesen, daß Sie ihn an das Opus Dei zahlen, obwohl Sie ihn an die Stiftung geben. Warum? Weil das Geld für das Opus Dei verwendet wird.«[11]

Die englische Netherhall Educational Association ist kein Einzelfall. Überall, wo es das Opus Dei gibt, wirken Mitglieder diskret und meist unerkannt in sogenannten Werken. Dabei arbeiten sie mit Nichtmitgliedern zusammen, haben freilich in den Vorstands- und Aufsichtsgremien stets die Mehrheit.

Zwei Formen von Werken sind zu unterscheiden: 1. die korporativen apostolischen Werke, zum Beispiel Jugendclubs, Bil-

11 *P. Hertel*, »Ich verspreche euch den Himmel« - Geistlicher Anspruch, gesellschaftliche Ziele und kirchliche Bedeutung des Opus Dei, Düsseldorf[4] 1991, 209.

dungseinrichtungen usw. In diesen korporativen Einrichtungen übernimmt das Opus Dei die geistliche Betreuung, was neuerdings in der Regel in den entsprechenden Prospekten angegeben wird, so daß man weiß: hier ist eine Einrichtung, in der sich Mitglieder des Opus Dei mit Nichtmitgliedern zum Wohl des Opus Dei zusammenschließen.

Die zweite Form sind Einrichtungen politischer bzw. wirtschaftlicher Art, meist Stiftungen, die - wie die korporativen Werke - in der Regel gemeinnützigen Charakter haben und - soweit es die jeweiligen Landesgesetze zulassen - ebenfalls steuerfrei bzw. steuerbegünstigt arbeiten. Bei dieser zweiten Form übernimmt das Opus Dei die geistliche Betreuung nicht, so daß der Außenstehende die Beziehung dieser Einrichtungen zum Opus Dei in der Regel nicht wahrnimmt. Denn die Opus-Mitgliedschaft der Leiter dieser Einrichtungen bleibt der Öffentlichkeit ja in der Regel verborgen. Und das Opus Dei behauptet: solche Einrichtungen hätten mit ihm nichts zu tun. Doch das ist nicht korrekt. Im geheimen *Vademecum* heißt es ausdrücklich:

»Um zum Unterhalt jeder Apostolatsarbeit beizutragen, gründet man, falls notwendig, eine Stiftung - mit oder ohne eigene Rechtspersönlichkeit -, die das eventuelle Defizit durch Schenkungen deckt.«[12]

Diese und ähnliche Initiativen erlauben es dem Opus Dei, seine geschilderte Rechtskonstruktion aufrechtzuerhalten, als geistliche Organisation sich aus Macht und Kapital herauszuhalten und doch mit deren Hilfe gesellschaftlich wirksam zu werden. Wenn das Opus Dei sagt, es sei eine geistliche, übernatürliche, aber keine irdische Macht, dann ist das formaljuristisch richtig. Tatsächlich aber ist es unrichtig.

2. Das goldene Netz

Die Anfänge des Stiftungswesens lassen sich 1964 mit der Netherhall Educational Association feststellen. Ruiz Mateos hat -

12 Vademecum de las Sedes de los Centros, Roma, 6-XII-87, 47 (unveröffentlicht; beim Autor einzusehen).

nach Recherchen des englischen Senders BBC - mindestens sieben Millionen Pfund Sterling an diese Stiftung geleitet.[13] Es ist auffällig, daß die Stiftung hohe Darlehen erhielt - zum äußerst niedrigen Zinssatz von 1 Prozent. Die Gelder kamen in Dollar, D-Mark und Schweizer Franken.

Wenig später wurde in Spanien die Stiftung »Fundación Géneral Mediterránea« errichtet, und zwar von der Opus-nahen Bankengruppe Atlántico-Bankunión. 1972 wurde am internationalen Bankenplatz Zürich die Limmat-Stiftung gegründet, die sich zur Blütezeit des Rumasa-Konzerns offenbar mehr und mehr zum Mittelpunkt eines internationalen Netzes aus Stiftungen und nahestehenden Banken entwickelt hat. Die Mehrheit der Stiftungsratsmitglieder gehörte und gehört dem Opus Dei an. Der Präsident der Limmat-Stiftung, ein Opus-Mitglied aus der Schweiz, war gleichzeitig in Barcelona regionales Verwaltungsratsmitglied der spanischen Volksbank; deren Präsident ist ebenfalls Mitglied des Opus Dei.

Die Limmat-Stiftung wurde vom Zürcher Anwalt Arthur Wiederkehr errichtet, der offenbar kein Opus-Mitglied ist. Er wurde Präsident des Aufsichtsrates der Stiftung und ist Präsident des Verwaltungsrates der Nordfinanz Bank in Zürich, die als schweizerische Hausbank des Rumasa-Konzerns fungierte. Unter anderem über die Nordfinanz Bank liefen die Transaktionen, zu denen Ruiz Mateos die Fotokopien vorwies.[14] Wiederkehr dirigierte Zahlungen zum Teil über Scheinfirmen.

Außer in der Limmat-Stiftung und für den Rumasa-Konzern war Wiederkehr auch im weltweiten Bankimperium des Italieners Roberto Calvi tätig. Calvi - wegen seiner umfangreichen Geschäfte mit dem Vatikan auch der »Bankier Gottes« genannt - war Leiter der größten italienischen Privatbank, der Banco Ambrosiano, die 1982 spektakulär bankrott machte. Wegen illegaler Devisengeschäfte war er zu einer vierjährigen Gefängnisstrafe

13 *M. Walsh*, The Secret World of Opus Dei, London 1989, 147 ff.

14 Ruiz-Mateos implica al Banco Popular y al Opus Dei en una operación financiera realizada en Suiza en 1978, in: El País, Madrid, 10 de julio de 1986. Ernesto Ekaizer, Una empresa panameña giro los supuestos donativos al Opus Dei, in: La Vanguardia, Barcelona, 9 de julio de 1986.

verurteilt worden. Drei Tage vor dem Berufungstermin wurde er unter einer Londoner Themsebrücke erhängt aufgefunden. Die englische Polizei sprach zunächst von Selbstmord, die englischen Behörden setzten später Fragezeichen hinter diese Feststellung.

Mit der Banco Ambrosiano waren auch die Vatikanbank IOR und deren Präsident, Erzbischof Marcinkus, ins Zwielicht geraten. Die Vatikanbank war mit Abstand der größte Minderheitsaktionär des zusammengebrochenen Bankkonzerns. Die italienische Bankenkontrolle nannte den Vatikan mithaftbar, worauf dieser überraschend - ohne Anerkennung einer Zahlungsverpflichtung - 88 Ambrosiano-Gläubigern einen Vergleich anbot und mit den Gläubigern die Zahlung von 250 Millionen Dollar vereinbarte, wobei ihm die Gläubiger wegen rascher Zahlung noch sechs Millionen Dollar Skonto gewährten.

Während diese Fakten nachprüfbar sind, blieb die Frage offen, wie der Vatikan, der ja gelegentlich Schwierigkeiten hat, die Gehälter seiner Angestellten voll zu bezahlen, das Geld so schnell beschaffen konnte, um die Gläubiger zu befriedigen. Es hieß, auch Finanzkreise des Opus Dei seien eingesprungen, wobei sie vom Heiligen Stuhl bestimmenden Einfluß auf die vatikanische Politik gegenüber kommunistischen Staaten und Dritte-Welt-Staaten gefordert hätten - eine Behauptung, die sich mit Aussagen der Familie Calvis wie auch des ehemaligen Konzernherrn Ruiz Mateos in Einklang bringen ließe. Sie wird vom Opus Dei mit dem stereotypen Dementi, die Vereinigung habe nur religiöse Ziele und treibe keine wirtschaftlichen Geschäfte, energisch bestritten und ist im übrigen nicht verifizierbar.[15]

15 In diesem Zusammenhang hat José María Ruiz Mateos einen ungeheuerlichen Verdacht geäußert. Der Journalist Pietro Calderoni (Fußnote 2) bemerkte, es sei doch etwas eigenartig, daß Ruiz Mateos 1982 genau zu dem Zeitpunkt, als das IOR in größten Schwierigkeiten war, an das spanische IEI (eine Opus-nahe Stiftung) gezahlt habe. Ob da eine Verbindung bestehe, wollte er wissen. Ruiz Mateos antwortete: »Das kann ich Ihnen nicht sagen. Mir haben sie nichts gesagt. Ich habe nie Verbindungen mit den Leuten vom IOR gehabt. Allerdings könnte ich Ihnen mal eine Frage stellen: kommt es Ihnen nicht komisch vor, daß die so heiß ersehnte Personalprälatur, die dem Opus Dei jahrelang abgelehnt worden ist, vom Vatikan ausgerechnet im Jahre 1982 genehmigt worden ist? ... Könnte es sein: vielleicht im Gegenzug zu irgend etwas anderem, zu einer Hilfe? Also, wie gesagt, ich lade Sie nur mal ein nachzudenken.«

1975 nahmen die Spanier José Ferrer Bonsoms und Pablo Bofill de Quadras an einer Aufsichtsratssitzung der Limmat-Stiftung teil. Bofill galt schon in den 50er/60er Jahren als Financier des Opus Dei in Spanien. Mit Ferrer gehörte er zur Führung der Banco Atlántico, die dem Opus Dei nahestand, schreibt der spanische Journalist Ernesto Ekaizer. Und weiter: 1962 gründeten Bofill und Ferrer die Bankunión, eine Industriefirma und Finanzierungsgesellschaft. So wurde die Gruppe Atlántico-Bankunión geschaffen. Ferrer bat die Hambros Bank um Beteiligung an der Bankunión. Das Opus Dei hat damals dementiert, daß es dieses Bankensystem kontrolliere.[16]

Verbindungen zu Hambros unterhielten der vatikanische Erzbischof Paul Marcinkus, Präsident der Vatikanbank IOR, und Michele Sindona, ein sizilianischer Bankier, der auch enge Verbindungen zur Mafia hatte. Er kam in einem italienischen Gefängnis ungeklärt durch Gift um. Eine Zeitlang war Sindona Partner von David Kennedy, dem Chef der Continental Illinois National Bank. Der Mormone Kennedy war Regierungsmitglied unter dem US-Präsidenten Nixon. Mitte der 60er Jahre beteiligten Ferrer und Bofill die Continental Illinois Bank zu 15 Prozent am Kapital der Atlántico. Die Beteiligung wurde später von Ruiz Mateos gekauft.

Die Zürcher Limmat-Stiftung ist personell auch mit der Rhein-Donau-Stiftung München in Starnberg verbunden, die 1977 gegründet wurde und in Köln eine Filiale hat: Geschäftsführer ist Hans Thomas von der deutschen Opus-Zentrale in Köln, der gleichzeitig im Stiftungsrat der Zürcher Limmat-Stiftung sitzt. Präsident der Rhein-Donau-Stiftung ist der CSU-Politiker Fritz Pirkl, wie Ruiz Mateos im Europa-Parlament und gleichzeitig Vorsitzender der CSU-nahen Hanns-Seidel-Stiftung. Die Rhein-Donau-Stiftung ist insbesondere im gemeinnützigen Wohnungsbau und in der Entwicklungspolitik tätig. Zum Beispiel unterstützt sie die Opus-Arbeit auf den Philippinen - sekundiert von der Hanns-Seidel-Stiftung, über die sich auch das Bonner Ministerium für wirtschaftliche Zusammenarbeit beteiligt hat.

16 Einzelheiten über diese und die folgenden Zusammenhänge bei *E. Ekaizer*, a.a.O., 149 ff.

Es ist nicht mein Ziel, *die* ökonomischen Geschäfte von Opus-Mitgliedern aufzudecken; das wäre sehr schwierig und zeitaufwendig, ja, wahrscheinlich unmöglich. Manchmal entdeckt man es - im Einzelfall - mehr oder weniger zufällig, daß dieser oder jener Industrielle dem Opus Dei angehört oder - wenngleich Nichtmitglied - ihm doch in den korporativen Vereinigungen oder Stiftungen zu Diensten ist.

Insgesamt trägt die diskrete Arbeitsweise der Opus-Mitglieder dazu bei, daß engmaschige wirtschaftliche, aber auch politische Netze von der Öffentlichkeit erst allmählich bemerkt werden und auch dann nur schemenhaft. Der Fall Ruiz Mateos beispielsweise kam ja zufällig - durch die spanischen Wirtschaftsprüfer - heraus.

Mein Ziel ist es, den Nachweis zu erbringen, daß die Trennung des Opus Dei zwischen Natur und Übernatur, zwischen Politik und Religion, Geld und Apostolat eine Fiktion ist. Es ist unbestritten, daß das Opus Dei handfestes Kapital braucht, um seine Aktivitäten zu finanzieren. Aber die Behauptung, es habe mit den Methoden, mit denen Mitglieder zu dem Geld kommen, nichts zu tun, weil das deren Privatsache sei, akzeptiere ich nicht. Denn auch berufstätige Mitglieder besprechen ihre beruflichen Tätigkeiten mit den geistlichen Leitern, die ihnen vom Opus Dei zugewiesen werden. Vor diesem Hintergrund geht es mir unter anderem um die Frage, nach welchen Kriterien Mitglieder des Opus Dei ihr »übernatürliches Unternehmen« (Escrivá) und sein Apostolat - entsprechend dem im *Vademecum* festgehaltenen Auftrag - finanzieren.

Alberto Moncada, ehemaliger Numerarier, meinte 1990 auf dem internationalen Soziologiekongreß in Madrid: »Seit den Fünfziger Jahren helfen die Mitglieder einander in öffentlichen und privaten Geschäften, ernennen Mitarbeiter und Vertrauensleute aus ihren Reihen, eröffnen ihre Konten in befreundeten Banken, und, wie es sich im 'Rumasa'-Skandal erwiesen hat: benützen sie die Beziehungen des Opus Dei, um Körperschafts-Angelegenheiten voranzutreiben. Nichts, das andere ähnliche Organisationen nicht auch tun würden, nichts Besonderes im Geflecht des westlichen Kapitalismus, aber ein bißchen verwirrend für aufrechte Katholiken, die eine größere Präsenz des Opus Dei in der Versittlichung des öffentlichen Lebens erwarten.«

Dabei bin ich mir bewußt, daß die meisten Mitglieder die von mir aufgezeigten Zusammenhänge gar nicht kennen. Für sie macht das fromme Werk schon alles richtig. Ihr Opus Dei hat mit Geld und Macht nichts zu tun. Sie dienen dem Werk bis zur Selbstaufgabe. Aber der informierte Außenstehende kann nicht daran vorbeisehen, daß das Opus Dei dem Organismus der Geheimorganisationen gleicht: die rechte Hand weiß da nicht, was die linke tut, erst recht sieht das Auge nicht, wie sich die Zehen bewegen. Nur das Gehirn kennt alle ehernen Gesetze und goldenen Netze.

Alberto Moncada kam zu dem Schluß: »Der Beitrag der Politiker, der Berufs- und Wirtschaftsleute des Opus Dei zur Erstarkung der primitivsten Version des Kapitalismus steht in der neueren Geschichte von Ländern wie Spanien oder Chile fest und liegt auf der Linie der alten komplizenhaften Verbindung von Kapital und kirchlichen Interessen, die vom biblischen Prophetentum angeklagt wird.«

3. Wie mächtig und wie reich ist das Opus Dei?

Vor zwölf Jahren geriet ein Dokument an die Öffentlichkeit, in dem der Leiter des Opus Dei, Alvaro del Portillo, dem Vatikan in bemerkenswerter Präzision einige Erfolge seiner Organisation auflistete: die 72 375 Mitglieder in 87 Nationen seien unter anderem in 479 Universitäten und höheren Schulen der fünf Kontinente tätig; in 604 Zeitungen, Zeitschriften und wissenschaftlichen Veröffentlichungen; in 52 Radio- und Fernsehanstalten; in 38 Nachrichten - und Werbeagenturen.[17] Mit Sicherheit sind diese Zahlen inzwischen weiter gestiegen.

Laut *Statuten*[18] sollen sich die Mitglieder des Opus Dei vor

17 *A. del Portillo/J. Echevarría*, Trasformazione dell' Opus Dei in Prelatura Personale (Anlage zum Schreiben »A Sua Eminenza Reverendissima il Sig. Card. Sebastiano Baggio«), Rom, 23. April 1979.

18 Vgl. Codex Iuris Particularis Operis Dei (Statuten), Romae 1982, Nr. 116.

allem um die gesellschaftlichen Führungskräfte, die Eliten, kümmern. In den *Konstitutionen* hieß es dazu: »Das charakteristische Mittel des Instituts-Apostolats [gemeint war das Säkular-Institut Opus Dei, das damals noch keine Personalprälatur war] sind öffentliche Ämter, - besonders jene mit Leitungspositionen.«[19] Man eröffnet sich ein Tor, gewinnt Sympathisanten und Mitglieder, um sich dann von dort aus fächerartig auszubreiten.

Der Reichtum des Opus Dei ergibt sich zu einem gewissen Teil daraus, daß die meisten Mitglieder zu den besser verdienenden Eliten gehören. Seine Häuser liegen meist in den feinen Vierteln und sind in Edelluxus ausgestattet. Es scheint dem Werk nicht schwer zu sein, repräsentative Bildungszentren zu errichten; und wer den Wallfahrtsort Torreciudad, das geistliche Zentrum des Opus Dei, besucht, wird überrascht sein, wie golden es überall in der Wallfahrtskirche glitzert und glänzt.

Das Opus Dei hat folgende Einnahmequellen:

1. Das Geld der Numerarier und Assozierten. Legt jemand als Numerarier oder Assoziierter die Oblatio ab und erhält so die vorläufige juristische Eingliederung in das Opus Dei, dann hat er laut *Vademecum* vorher sein Testament zu machen.[20] Das neue Mitglied setzt eine korporative Vereinigung des Opus Dei als Erben ein.

   Alles, was ein eheloses Mitglied verdient, geht an das Zentrum, zu dem es gehört. Das gilt zum Beispiel auch für Stipendien, die Opus-Studenten erhalten. Das ehelose Mitglied erhält ein persönliches Taschengeld, das monatlich mit dem Leiter des Zentrums abzurechnen ist.[21] Unter den Gläubigen des Opus Dei sind Geschenke, auch die kleinsten, verboten.[22]

   Der ehemalige Numerarier Alberto Moncada sagte: »Die Numerarier des Opus Dei übergeben alle Einkünfte, Erbschaften inbegriffen, der Organisation, und diese autorisiert

19 Constitutiones Societatis Sacerdotalis Sanctae Crucis et Operis Dei, Rom 1950, Nr. 202 (Die Konstitutionen sind beim Autor einzusehen.)

20 Vademecum de los Consejos locales, Rom, 19. März 1987, 33 f. (beim Autor einzusehen).

21 Geist und Fromme Gewohnheiten, Nr. 120.

22 Ebd., Nr. 119.

und kontrolliert ihre Ausgaben. Auch wenn, durch den Druck der Umstände, zugunsten der Mitglieder im Handel und in Freien Berufen, hie und da ein Auge zugedrückt wird, so lebt doch die Mehrzahl unter peinlich genauer Kontrolle seitens der Vorgesetzten. Diese Kontrolle beinhaltet das Verbot eines eigenen Bankkontos und die Pflicht, das Testament zugunsten des Opus Dei auf einen Treuhänder zu schreiben.«

Nach den *Statuten* des Opus Dei hat, wer das Opus Dei verläßt, kein Recht, eine Erstattung oder eine Auszahlung der erbrachten finanziellen Leistungen zu fordern.[23]

Der ehemalige Leiter John Roche sagt, man bezeichne Austrittswillige als Verräter. Wenn sie bei ihrer Absicht blieben, würden sie ohne einen Penny hinausgeworfen. Aus diesem Grunde gebe es im Opus Dei eine Menge verwirrter Leute, die ihr Leben dort in einer Art Widerwillen verbrächten. John Roche selbst war ohne Versorgung, nachdem er das Opus Dei verlassen hatte. Seine Gehälter, die er als Lehrer vom Staat bekommen hatte, waren auf Konten gegangen, die an das Opus Dei bzw. an korporative Vereinigungen gebunden waren. Er hatte darauf vertraut, daß man für seine Zukunft durch finanzielle Leistungen vorsorgen werde, durch Alterssicherungen oder ähnliches - vergebens. 1981 klagte er vor Gericht. Einen Teil des Geldes hat er 1984 zurückerhalten.[24]

2. Das Geld, das Supernumerarier dem Opus Dei spenden. Ehemalige Supernumerarier berichten, sie hätten der Organisation unter Druck hohe Geldgeschenke zukommen lassen. Auch Supernumerarier besprechen ihre beruflichen Tätigkeiten mit ihren Leitern.
3. Die Spenden der Mitarbeiter. Sie gehören häufig zu korporativen Vereinigungen des Opus Dei, wenngleich sie keine Mitglieder sind.

23 Codex Iuris Particularis Operis Dei, Nr. 34.
24 Vgl. *P. Hertel*, a.a.O., 30.

4. Die kirchliche Bedeutung des Opus Dei

Schritt um Schritt ist das Werk zu einer starken restaurativen Macht in der katholischen Kirche herangewachsen. Der Papst stützt und stärkt es. Der Aufstieg des Opus Dei wie auch die Verwirklichung seiner religiösen Wahrheiten gehen unaufhaltsam voran.

Zu diesen religiösen Wahrheiten gehört es, daß Josemaría Escrivá den Auftrag, das Werk zu gründen, direkt von Gott erhalten habe. Das Opus Dei sieht in sich auch einen kirchenpolitischen Zweck: Es ist, wie Opus-Mitglied und Escrivá-Biograph Peter Berglar frei übersetzt, eine »Operatio Dei«, eine »Operation Gottes: ein großer rettender Eingriff des göttlichen Arztes«[25], der seine Kirche retten wolle. Das ehemalige Opus-Mitglied Felzmann weiß zu berichten, das Werk sehe sich wie »der sichere Rest der wahren Kirche«[26]. Dies wird in der internen Zeitschrift Crónica praktisch bestätigt. Das Werk wird als »heilig«, »makellos« und »unveränderlich«[27] beschrieben. Es besitze »ein göttliches, dynamisches Wesen, das sich ständig erneuert«[28]. So enthebt es sich der Notwendigkeit, sich je reformieren zu müssen - im Gegensatz zur Kirche. Sein Gründer Escrivá, »El Padre«, erscheint Jesus, dem guten Hirten, gleich: »Unser Vater ist auch der gute Hirt, der die Herde des ganzen Opus Dei führt ... Er gibt sein Leben hin, so daß wir, seine Kinder, es in immer größerer Fülle besitzen können.«[29] Vier Jahre nach Konzilsende klagte der Vater über eine Zeit des Irrtums in der Kirche, und 1972 schrieb er gar in einem »Crónica«-Leitartikel: »Das Böse kommt von innen und von hoch oben. Es gibt eine wirkliche Fäulnis, und zur Zeit scheint es, als sei der Mystische Leib Christi ein Leichnam in stinkender Verwesung. Wie viele Beleidigungen gegen Gott gibt es. Wir sind so zerbrechlich, und

25 *P. Berglar*, Opus Dei. Leben und Werk des Gründers Josemaría Escrivá, Salzburg 1983, 228.

26 *P. Hertel*, a.a.O., 208.

27 Crónica 1968, Heft 8 (Crónica liegt dem Autor teils in der spanischen Originalfassung, teils in einer vom Opus Dei erstellten englischen Übersetzung vor).

28 Ebd.

29 Crónica 1971, Heft 1.

sogar noch zerbrechlicher als andere. Aber wie ich schon immer gesagt habe: wir haben eine Verpflichtung zur Liebe; wir müssen jetzt unserem Dasein einen Sinn zur Wiedergutmachung geben.«[30]

Nach Felzmann hat sich im Opus Dei wegen des Zweiten Vatikanischen Konzils Angst ausgebreitet. Denn das Konzil habe sich gegen das Opus-Ideal von der Kirche gerichtet. So reagiere das Opus Dei auf das, was es als Schwäche der Kirche ansehe:

30 *J. Escrivá*, Tiempo de reparar, in: Crónica, Februar 1972, 13 (109). Das ist ein Kernwort Escrivás, das Aufschluß über sein Kirchenbild gibt. Nachdem ich den Text 1985 zitiert hatte, warf mir der Dominikanerpater Heinrich Basilius Streithofen vor, ich hätte die zweite Hälfte des Gedankens »unterschlagen« und nur das zitiert, was in meine Botschaft passe. Escrivás Gedanke gehe nämlich so weiter: »Aber habt keine Angst. Ich sage: es scheint. Denn dieser Leib - die Kirche - ist unsterblich: der Heilige Geist steht ihm bei und belebt ihn auf wunderbare Weise. Seid froh, aber verfallt keinem billigen Optimismus: die Lage ist schlecht, objektiv schlimm. Das wird vorübergehen, wenn wir und so viele gute Christen, die es auf der Welt gibt, unaufhörlich beten.«
Pater Basilius, bis 1992 Leiter des Instituts für Gesellschaftswissenschaften Walberberg e.V., ist mehrfach durch Opus-freundliche Abhandlungen hervorgetreten, die in hoher Auflage als Sonderdrucke verbreitet und auch vom deutschen Opus Dei verschickt worden sind. Seine Behauptung, ich hätte den von ihm zitierten Gedanken Escrivás ausgeblendet und damit Escrivás Gesamtgedanken praktisch ins Gegenteil verkehrt, ist unrichtig: Streithofen berief sich auf einen Crónica-Bericht vom April 1972, der also zwei Monate nach dem von mir zitierten Leitartikel Escrivás erschien. (El Reclinatorio de San Pio X., in: Crónica, April 1972, 24 [316]).
Bei meinem Text handelt es sich um einen authentischen Leitartikel Escrivás, bei Streithofens Text dagegen um den Bericht eines ungenannten Opus-Autors. Aufschlußreich ist in diesem Zusammenhang vor allem die Passage, die Streithofens Text vorausgeht: »Ich sage euch, daß jeder von euch mit eigenen Augen sehen kann und hören mit seinen Ohren, *mahnt uns noch einmal der Vater*. Leider sind bestimmte Dinge sehr bekannt.«
In Streithofens Zitat wird Escrivá also von einem Crónica-Autor ohne Quellenangabe zitiert. Dabei bleibt für mich ungeklärt, ob die Fassung Streithofens bereits im April 1972 in Crónica kam. Dann hätte ja ein Crónica-Autor ein zentrales Zitat Escrivás innerhalb von zwei Monaten maßgeblich relativiert - und zwar zu Lebzeiten Escrivás. Das ist kaum nachvollziehbar.
Ich habe beide Texte dem ehemaligen Opus-Mitglied Felzmann vorgelegt. Er sagte, der Februar-Text sei eindeutig von Escrivá geschrieben und gebe sein Kirchenbild wieder, der April-Text dagegen nicht. Seine Erklärung: um 1975 seien zuvor erschienene »Crónica«-Texte »frisiert« (»doctored«) worden. Um anstößige Stellen zu beseitigen, habe man die entsprechenden Seiten entfernt und neue hineingearbeitet. Ähnlich vermutet das ehemalige Opus-Mitglied Roche eine »Bereinigung«: »Opus Dei ändert systematisch frühere Ausgaben seiner internen Magazine, wenn es das für notwendig hält.«

auf den Rückgang der geistlichen Berufe, die Unsicherheit in der Lehre.

Wenn wir uns solche Einstellungen vergegenwärtigen, dann ist vieles, was von außen am Opus attackiert wird, von innen her gesehen ganz richtig. Dann wundert es nicht, daß das Opus Dei den abgeschafften Index der katholischen Kirche fortschreibt; daß in seinem Innenleben, in den Werbepraktiken, in der Formung der Jugend vieles erhalten blieb, was vor Jahrzehnten in katholischen Gemeinschaften nicht unüblich war, aber in unserer Zeit, nicht zuletzt unter dem Einfluß des Konzils und der Humanwissenschaften, abgeschafft wurde. Es wundert auch nicht, daß Meßdienerinnen in den Häusern des Opus Dei verpönt sind und ökumenische Gottesdienste nicht gehalten werden; daß es in der Prälatur Opus Dei im Gegensatz zu anderen Prälaturen und Diözesen keine verheirateten Diakone gibt und ebensowenig pastorale Gremien, in denen männliche Laien und Frauen gemeinsam entscheiden.

Opus-Dei-Mitglieder sagen, sie seien für Pluralismus. Aber inhaltlich verwirklichen sie nicht seine Breite, die seit dem Zweiten Vatikanum den Katholiken erlaubt ist. Vielmehr wirkt der Geist des Werks auf eine Kirche hin, wie sie früher war: doktrinär und geschlossen, formiert und kampfbetont. »Kämpft, meine Kinder, kämpft«, ruft Josemaría Escrivá seiner Familie zu und rät: »Nehmt einen alten Katechismus des heiligen Pius X. ... und lest ihn in Ruhe, um den Glauben eurer Kinder zu schützen.«[31]

Um den Glauben zu schützen und die Kirche zu retten, wurde schon bald nach dem Konzil eine regelrechte Strategie entwickelt, und zwar im Centro Romano di Incontri Sacerdotali (CRIS), dem Zentrum der Opus-Dei-Priester in Rom. Diese Strategie richtete sich ganz konsequent auf die Kirchenspitze. Denn, wie in die Gesellschaft, so bemüht sich das Opus Dei, auch in die katholische Weltkirche über die Eliten, also von oben, einzusteigen. Im CRIS-Zentrum nahm der Gründer um 1970 den Kampf für seine wahre Kirche und gegen den Irrtum

31 Film-Dokumentation des Treffens in der Kongreßhalle »General San Martin« zu Buenos Aires am 16. Juni 1974 (*P. Berglar*, a.a.O., 266).

auf. Jeder Kirchenmann, der wichtig war oder wichtig werden konnte, wurde eingeladen, wenn er in Rom war. Versprach der Kontakt Erfolg, wurde er erneut eingeladen. So kamen sie: Kardinal Höffner aus Köln, Kardinal König aus Wien, Kardinal Wojtyla aus Krakau, der spätere Papst. Der verstorbene Kardinal und damalige Bischof Hengsbach aus Essen programmierte im Priester-Zentrum bereits den Kampf gegen die Befreiungstheologie, als diese neue Theologie gerade erst bekannt wurde.

Im Priesterzentrum des Opus Dei herrscht eine Atmosphäre, die den Oberhirten aus eigener Erfahrung gut bekannt ist und in der sie wehmütig an die Zeiten der religiösen Geschlossenheit erinnert werden, als die katholische Kirche in westlichen Ländern wesentlich mehr Macht und inneren Zusammenhalt besaß. Sie sahen, daß das Werk wuchs, während andere Orden und Gemeinschaften kleiner wurden. Wachstum, Stabilität und Sicherheit - gegen den allgemeinen Trend; das wirkt auf Kirchenführer unterschiedlicher Richtungen überzeugend, auch wenn sie sonst nicht in allen theologischen Inhalten übereinstimmen.

Auch auf der mittleren Ebene wächst die Macht der Vereinigung. Obwohl sich die Priester der Prälatur laut *Statuten* vor allem mit der geistlichen und kirchlichen Unterweisung sowie mit der besonderen Seelsorge an den übrigen Gläubigen beider Abteilungen des Opus Dei befassen sollen, sickern sie in jüngster Zeit zusehends in den Diözesanklerus ein. Bereits mehr als zehn Opus-Kleriker sind Diözesan- und Weihbischöfe.

Opus-Priester übernehmen in Europa zusehends Positionen in der Gerichtsbarkeit der Diözesen, wo es nicht zuletzt um Ehefragen geht. In Deutschland wirken zwei der 25 Opus-Kleriker auch an diözesanen Ehegerichten. Ein dritter ist Offizial, Leiter der bischöflichen Gerichtsbarkeit, im Bistum Osnabrück. Auch im Bistum Chur stellt das Opus Dei den Offizial, wie auch den Leiter des Priesterseminars. Dort hat die katholische Synode des Kantons Zürich eine Untersuchung gegen das Opus Dei eingeleitet, um den Einfluß des Opus Dei auf die Besetzung des bischöflichen Stuhls mit dem Churer Weihbischof Haas zu untersuchen, der sich selber als Opus-Dei-nahe einstuft. Im österreichischen Bistum Feldkirch wurde der österreichische Leiter des

Opus Dei Diözesanbischof. In St. Pölten kam der Wiener Weihbischof Kurt Krenn auf den Bischofsstuhl, der schon als Professor in Regensburg an internen Treffen der deutschsprachigen Opus-Dei-Priester teilgenommen hatte. In allen drei Fällen - Feldkirch, St. Pölten und Chur - kam es zu Aufständen im Kirchenvolk und zu scharfen Polarisierungen, die weiter anhalten.

Im päpstlichen Familieninstitut, dessen Leiter der Theologe Carlo Caffara ist, arbeiten mehrere Opus-Dei-Mitglieder mit. Ein Kongreß, der vor drei Jahren weltweit Aufsehen erregte, weil Caffara die Empfängnisverhütung mit Mord verglich, wurde von ihm mit maßgeblicher finanzieller Beteiligung aus dem Opus Dei veranstaltet. Opus-Mitglieder bemühen sich verstärkt um die Gründung bioethischer und anthropologischer Arbeitskreise, die sich insbesondere mit Fragen der Abtreibung, Embryonenforschung und Geburtenkontrolle befassen. Das Opus-nahe Kölner Lindenthal-Institut beabsichtigt, in Heidelberg und Hannover wissenschaftlich-interdisziplinäre Studienkreise ins Leben zu rufen - durch ein Vorstandsmitglied, das gleichzeitig dem Vorstand der Juristenvereinigung Lebensrecht e.V. angehört, in der Opus-Mitglieder gezielt mitarbeiten.

Und weiter: Eine der wenigen Personen, die unmittelbar Zugang zum Papst haben, ist ein Opus-Dei-Mann: der vatikanische Pressesprecher. Er berät sich, wie er sagt, täglich mit dem Papst, der ein Freund und Förderer des Opus Dei ist.

In diese Strategie gehört auch die Seligsprechung des Opus-Gründers, die am 17. Mai 1992 auf dem Petersplatz in Rom erfolgte und dem Opus Dei weltweit Auftrieb geben wird. Damit die Kirche den 1975 verstorbenen Opus-Gründer möglichst schnell zum Seligen ernenne, startete das Opus Dei eine umfassende Kampagne. Zunächst wurden Kardinäle und Bischöfe ersucht, sich für die Eröffnung eines Selig- und Heiligsprechungsprozesses einzusetzen. Binnen kurzem kam die Erfolgsmeldung: 69 Kardinäle und nahezu 1300 Bischöfe, reichlich ein Drittel des katholischen Episkopates, hätten um die Eröffnung des Prozesses nachgesucht. Zu diesem überragenden Ergebnis waren offenbar jedoch die Autorität und die Nachhilfe der römischen Kurie notwendig. Zwei Beispiele:

Ein afrikanischer Kardinal, der einen entsprechenden Text zur Unterschrift erhielt, verstand ihn zwar nicht, unterzeichnete ihn aber. Ähnlich wurde dem brasilianischen Kardinal Lorscheider ein Text für Escrivás Seligsprechung vorgelegt. Zwar sagte er den beiden Opus-Mitgliedern, die ihn aufsuchten, er kenne Escrivá nicht, wie könne er da unterschreiben. Doch die Antwort war: Kardinal Baggio [römischer Kurienkardinal, Freund Escrivás und damals in der Kurie für Lateinamerika zuständig] wolle es gern. Daraufhin hat Lorscheider die Unterschrift gegeben. Als er dann später einiges über Escrivás kirchliche und politische Einstellungen und über das Opus Dei erfuhr, hat er seine Tat bereut.

Etwa zur gleichen Zeit führte die Gemeinschaft eine »neue Apostolatswaffe« ein, »die der Herr uns geschenkt hat« (del Portillo)[32]: die Verehrung des Gründers im Kirchenvolk, die eine Voraussetzung für Selig- und Heiligsprechungen ist. Opus-Priester erhielten, wie im *Vademecum* steht, die Aufgabe, selbst im Beichtstuhl dafür zu sorgen, »daß sich viele Seelen in ihren geistigen und materiellen Nöten an unseren Vater als an einen wirkkräftigen und zuverlässigen Fürbitter wenden«[33]. Und in Millionenauflage wurden seit 1976 zwölf Nummern einer glanzvollen, mehrsprachigen Informationsschrift zur Seligsprechung des Gründers verbreitet. Jede Ausgabe brachte neue Erfolgsberichte über Gebetserhörungen. Die Opus-Mitglieder insgesamt erhielten - laut *Vademecum* - den Auftrag, Nachrichten über solche »Gunsterweise« zu sammeln. Auch ihnen wurde notfalls Nachhilfe empfohlen: Wenn jemand die Einzelheiten über die »Gunst oder Gnade« nicht aufschreibe, dann solle das Mitglied den Bericht abfassen, so daß der Begünstigte ihn dann nur noch unterzeichnen müsse.[34]

Außerdem wurde die Verehrung Escrivás durch Opus-Filme gefördert, wobei detaillierte Anweisungen beispielsweise über den Druck von Einladungskarten, die Wahl der Vorführungssäle, die einzustellende Tonstärke und die anschließenden Gesprächs-

32 Vademecum de los Consejos locales, 116 ff.
33 Ebd.
34 Ebd.

runden gegeben wurden. Und: »Man muß stets wissen, wer sich zur Vorführung einfindet, damit diejenigen dabei sind, sie richtig verstehen können und alle in richtiger Absicht zusehen.«[35]

Sechs Jahre nach dem Tode Escrivás begann in der Diözese Rom der sogenannte Informationsprozeß. Schon bald wurde eine ungewöhnliche Eile an den Tag gelegt. Bereits zehn Jahre später, im Juli 1991, war es dann soweit. Der Vatikan gab bekannt, nach Anerkennung eines Wunders stehe der Seligsprechung nichts mehr im Wege.

Dem spanischen Kardinal Vicente Enrique y Tarancón freilich, dem Alterzbischof von Madrid und einem der angesehensten Kirchenführer in Spanien, ging dieser Zeitplan viel zu schnell: »Bei anderen Seligsprechungsverfahren, etwa dem von Papst Johannes XXIII., erleben wir eine solche Eile nicht.«[36]

Der Hinweis auf die Eile und auf den unvergessenen Johannes XXIII. trifft den Nagel auf den Kopf. Natürlich hätte der Vatikan den Prozeß Escrivás nicht vorantreiben müssen. Daß der Opus-Gründer, aber nicht der menschenfreundliche Papst des Zweiten Vatikanischen Konzils selig gesprochen werden soll, ist eine kirchenpolitische Entscheidung ersten Ranges. Denn Escrivá hatte, so habe ich Felzmann zitiert, große Schwierigkeiten mit dem Konzil. Eine Seligsprechung Escrivás vergrößert nicht nur die kirchliche Macht der Prälatur, vielmehr kanonisiert sie auch ihr vorkonziliares Kirchenbild und trägt dazu bei, daß die Reformen, die Papst Johannes XXIII. bewirkt hat, weiter zurückgestutzt werden.

Weltweit versucht das Opus Dei, diese Fakten zu verdecken. So äußerte Ruthard von Frankenberg, der Leiter des deutschen Opus-Informationsbüros in der »Rheinischen Post« angesichts der Verwunderung Kardinal Tarancóns, »daß der Vatikan solche Verfahren vor Jahren weitgehend gestrafft hat«[37]. Nur: die Neu-

35 Ebd.

36 Tarancón, sorprendido por la rapidez de la beatificación del fundador del Opus Dei, in: El País, Madrid, jueves 11 de julio de 1991, 25. Vgl. Opus Dei: Papst verärgert Spanier - Widerstand gegen eine Seligsprechung, in: Hamburger Abendblatt, Hamburg, 19./20. Oktober 1991, 3.

37 *R. von Frankenberg*, Opus Dei, in: Rheinische Post, Düsseldorf, Nr. 247 vom 23. Oktober 1991.

ordnung der Selig- und Heiligsprechungsverfahren erfolgte erst 1983, als Escrivás Verfahren bereits lief. Und in der Neuordnung wurde festgelegt, daß *alle* anhängigen Verfahren nach dem neuen strafferen Recht weitergeführt werden. Frankenbergs und des Werkes Verteidigung führt also zu einem Selbsttor: bei gleicher Eile und gleichem Engagement des Vatikans hätte die Straffung vermutlich bewirkt, daß Johannes XXIII. *vor* Escrivá selig gesprochen worden wäre.

Es ist schon atemberaubend, wie sich das Opus Dei ausbreitet, festsetzt und Macht gewinnt. Das ist nicht zuletzt deshalb möglich, weil das alles höchst diskret geschieht - weitgehend unbemerkt von der breiten Öffentlichkeit, vor allem in den Eliten.

5. Versuch einer theologischen Wertung

Den Schlüssel zur theologischen Bewertung des Opus Dei hat bereits vor drei Jahrzehnten der konservative, eher behutsame schweizerische Theologe Hans Urs von Balthasar geliefert, als er sich mit dem kirchlichen Integralismus beschäftigte. Diesem Integralismus hat er das Opus Dei zugeordnet. Er nannte die Organisation die »stärkste integralistische Machtballung in der katholischen Kirche«[38]. Seine Einschätzung des Integralismus hat er übrigens in einem Aufsatz wiederholt, den er kurz vor seinem Tode verfaßte.[39]

Der Integralist will alle Fragen des Lebens aus dem Glauben allein beantworten. Er sieht die Wahrheit in der Kirchenspitze angesiedelt; er überspitzt die Bedeutung des kirchlichen Lehramts und wittert überall Verwässerungen des Glaubens; er sucht oben Bestätigungen für seine Position zu erhalten; je höher desto besser. Er fordert die kirchliche Autorität, Papst und Bischöfe, geradezu auf, dem vermeintlichen Irrtum Einhalt zu gebieten und die Ketzer auszugrenzen. Integralismus ist in etwa das, was wir heute mit katholischem Fundamentalismus bezeichnen.

Der Integralismus trennt zwischen Geistlichem und Weltli-

38 *H. U. von Balthasar*, Integralismus, in: Wort und Wahrheit 18, 1963, 737-742.
39 *Ders.*, Integralismus heute, in: Diakonia 4, 1988, 221-229.

chem, einer Trennung, der wir ja auch im Opus Dei begegnen und weshalb es so schwer zu fassen ist. Das Geistliche soll das Weltliche beherrschen. Integralisten arbeiten weitgehend geheim; blinder Gehorsam wird erwartet; heiliger Zwang ist erlaubt; alles das treffen wir im Opus Dei - wie auch das Bestreben, daß die kirchliche Autorität alles, auch die Gesellschaft, beherrschen soll. Das war die Streitfrage im sogenannten Integralismus-Streit der Jahrhundertwende: sind die Laien in ihrer beruflichen Arbeit selbstverantwortlich, können sie eigene Entscheidungen treffen, oder sind sie der kirchlichen Autorität in allem unterworfen? Das Ergebnis war damals: sie treffen diese Entscheidungen selbst. Das Zweite Vaticanum hat dieses Ergebnis sanktioniert.

Auch das Opus Dei sagt, seine Mitglieder würden ihre beruflichen Entscheidungen in eigener Verantwortlichkeit fällen. Aber in der Prälatur Opus Dei (seit 1982) gibt es ein Testament, das die ehelosen Neumitglieder handschriftlich übernehmen.[40] Es enthält Verfügungen nicht nur über Geld und Besitz, sondern auch über den Glauben, über »Gut und Leben« sozusagen. Es mag sein, daß Mitgliedern, die dem Opus Dei schon länger angehören, dieser Wortlaut bei der Abfassung ihres Testaments noch nicht vorlag. Aber neuere Testamente aus der Schweiz und aus Deutschland zeigen, daß es sich nicht um eine regionale, sondern zentrale Anordnung handelt.

Der konkrete Wortlaut wird vom Opus Dei den gesetzlichen Bestimmungen des entsprechenden Landes jeweils angeglichen. Die »Glaubensverfügung« ist inhaltlich gleich. Und sie entspricht genau dem, was damals auch die Integralisten forderten: zu Beginn des Testaments unterstellt das Neumitglied »der Autorität der Kirche und ihrer Rechtsprechung« *alle* Handlungen und Werke seines Lebens. Das bedeutet: die Jurisdiktion der Kirche soll sich auf das gesamte Leben, also auch auf die beruflichen Tätigkeiten des ehelosen Opus-Mitglieds erstrecken.

Diese Überspitzung des kirchlichen Prinzips - das war auch der fatale Fehler der Integralisten um die Jahrhundertwende. Ja,

40 Vgl. Fußnote 20.

die Autorität und Jurisdiktion der Kirche sollten sogar die Gesellschaft umfassen, und wenn das nicht möglich war: zumindest die profanen Tätigkeiten der Kirchenmitglieder; im Idealfall aber sollte die Kirche auch das profane Recht setzen.

In dieser Tradition finden wir das Opus Dei. Die schon zitierte Zeitschrift »Crónica« schreibt: »Wir haben den großen Ehrgeiz, die *Institutionen* [Hervorhebung durch den Autor] der Völker, der Wissenschaft, Kultur, Zivilisation, Politik, Kunst und sozialen Beziehungen zu heiligen und zu christianisieren. Alles sollte christlich sein als ein kollektiver gesellschaftlicher Ausdruck des Glaubens der Menschen und als ein Werkzeug, Seelen zu retten, sie in ihrem Glauben zu erhalten und zu Gott zu führen.«[41] Alle Bereiche der Gesellschaft sind zu christianisieren - genauer: zu katholisieren; dies wäre die Taufe der Gesellschaft, in der für weltanschaulichen und weit gefächerten demokratischen Pluralismus kaum Platz bliebe, und Andersdenkende wären wie Ketzer ausgegrenzt.

In der deutschen Fassung des Testaments heißt es außerdem: »Ich erkläre, daß ich alles glaube und bekenne, was die heilige, römische, katholische und apostolische Kirche lehrt.« (Schweiz: »Vor allem bekenne und bejahe ich alles, was die Heilige, Katholische und Apostolische Römische Kirche glaubt und lehrt«)

Es handelt sich hier zwar nicht um das Apostolische Glaubensbekenntnis, aber es ist unverkennbar, daß das Opus-Mitglied hier sein Bekenntnis zur Kirche mit einer schriftlichen Verfügung über sich selbst verbindet, wodurch dem Bekenntnis eine hohe Verpflichtung zukommt. Und vor diesem Hintergrund ist es dann sehr erhellend, daß die *eine* Kirche des Glaubensbekenntnisses durch die *römische* ersetzt wird.

Und weiter: Punkt 21 der lateinischen Schrift *Geist und Fromme Gewohnheiten des Opus Dei*, die ebenfalls einen hohen Verpflichtungsgrad hat, subsumiert sogar die Attribute, die der Kirche zukommen, unter dem Begriff »römisch«: »Wenn wir Römische Kirche sagen, bezeichnen wir damit nichts anderes als die eine, heilige, apostolische, katholische, universale, ökumeni-

41 Crónica 1963, Heft 8.

sche Kirche.« In der Fußnote zu dieser Aussage ist, nebenbei bemerkt, festgelegt, daß die wichtigsten Gebete des Opus Dei bis hin zum Tischgebet - aus Liebe zur *römischen* Kirche - auf lateinisch und in »römischer Aussprache« zu verrichten sind.

Hier wird meines Erachtens deutlich, daß das Opus Dei eine vorkonziliare Restauration anstrebt. In der Dogmatischen Konstitution des Zweiten Vatikanischen Konzils über die Kirche (Art. 8,2) haben die Konzilsväter bewußt auf den Begriff »Römische Kirche« verzichtet. Im Entwurf des Konzilstextes von 1963 war der Begriff »Römische Kirche« noch gewählt worden. »Römisch« strichen die Konzilsväter, um zu betonen, daß die römische Kirche nur ein Teil der einen Kirche ist. Zwar ist ihr Bischof das Haupt aller Bischöfe der katholischen Kirche. Aber er wird in der dogmatischen Konzilsaussage über die Kirche nicht mehr als »Pontifex Romanus«, römischer Pontifex, sondern als »Nachfolger Petri« bezeichnet.

Doch 25 Jahre nach dem Konzil hebt die Prälatur Opus Dei gezielt hervor, daß die katholische Kirche die »Römische Kirche« ist, und der Papst ist für sie der »Römische Pontifex« (beispielsweise in *Geist und Fromme Gewohnheiten*, Nr. 20). So zeigt Escrivás Werk, daß es in vorkonziliaren Denkweisen hängengeblieben ist. Ja, noch mehr: »römisch« - das ist im Opus-Geist sozusagen das Brennglas, in dem die Attribute, mit der die Kirche vom Konzil beschrieben wurde, zusammengeführt sind. Diese Überspannung des römischen Prinzips, die vor 80 Jahren auch die Integralisten pflegten, führt zu ausgrenzender Sektenmentalität.

Mir scheint, daß die Mitglieder des Opus Dei auf einen Geist verpflichtet werden, der dem Zweiten Vatikanischen Konzil, konkret ihrer Dogmatischen Konstitution über die Kirche, zuwiderläuft. Dahinter sehe ich eine Überzeugung im Opus Dei, auf die Felzmann mich 1984 hingewiesen hat: »Leute in hohen Positionen in Rom - ich war dort fast vier Jahre in der Zentrale - formulierten mit großer Überzeugungskraft: 'Opus Dei ist von Gott erwählt worden, die Kirche zu retten'. Und sehr wichtige Leute im Opus Dei sagen heute offen, in 20, 30 Jahren wird das einzige, was von der Kirche bleibt, Opus Dei sein. 'Die ganze

Kirche wird Opus Dei sein. Denn wir haben den klaren, sicheren, orthodoxen Blick in bezug auf alles. Der Gründer ist ja von Gott erwählt worden, die Kirche zu retten. Deshalb ist Gott mit uns.'«

Aus dieser Einstellung werden sich logischerweise kirchliche Ausgrenzungen ergeben - als Pendant zu den gesellschaftlichen, die ich genannt habe. Der Mentalitätskern dieser Ausgrenzungen zeigt sich in jener Einstellung, in der sich das Opus Dei, das ja nur eine kirchliche Gruppe unter vielen ist, als heilig, unveränderlich, unbefleckt, unsterblich und göttlich darstellt - ein Anspruch, der allenfalls der Kirche insgesamt zukommt. Kritik am Opus Dei wird vom Opus Dei häufig mit Kritik an der Kirche schlechthin gleichgesetzt. Wenn jedoch eine einzelne Gruppe sich mit dem Wohl der Kirche identifiziert bzw. das Wohl der Kirche mit sich selbst, dann steht die erlaubte Vielfalt der Spiritualitäten und Glaubensweisen, der kulturellen, sozialen und politischen Traditionen auf dem Spiel. Neue Gruppen in der Kirche neigen dazu, sich abzuschließen und sich über andere zu erheben. Aber die Ausschließlichkeit des Opus Dei führt geradezu in eine monolithische Kirche, in die geistige und praktische Intoleranz.

Das Werk Escrivás ist kirchenpolitisch so stark, daß wir auf lange Sicht mit ihm leben müssen. Seine ökonomische Macht, mit der es dem Vatikan gegebenenfalls zu Diensten ist, stärkt seine Position. Im Gegenzug erhielt es die Personalprälatur und die Seligsprechung des Gründers.

Ich möchte keinen Zweifel lassen, daß ich den religiösen Ernst von Opus-Dei-Mitgliedern bewundere. Es ist schon bemerkenswert, wenn jemand sich geißelt, den Körper peinigt, um, wie er meint, am Leiden Jesu Anteil zu haben. Ich sage das, auch wenn das nicht meine Spiritualität ist. Der religiöse Ernst, den ich im Opus Dei finde, kann eine kritische Anfrage an alle Christen sein, ob sie das berühmte »Aggiornamento«, von dem Papst Johannes XXIII. sprach, zur bloßen Anpassung verkommen lassen, ob sie Christsein als eine alltägliche umfassende Aufgabe verstehen, die deutliche Konsequenzen hat.

Doch auf der anderen Seite kann nicht übersehen werden: Die

Organisation ist auch dabei, sich erfolgreich Bastionen innerkirchlicher Macht zu erobern und die Neuanfänge der Theologie in diesem Jahrhundert und das Kirchenverständnis des Konzils zurückzustutzen. Ihre Mitglieder suchen die von ihnen angestrebte Christianisierung der Gesellschaft in der Bindung an Macht und Kapital zu fördern und in ökonomischer Cleverness.

Und: Mehr und mehr wird das »Mobile Corps«, wie Opus-Leiter del Portillo seine Organisation nennt, zum geeigneten Instrument, die Kirche geistig und institutionell gleichzurichten. Das gelingt ihm umso leichter, als es weitgehend geheim, unbemerkt von der kirchlichen Öffentlichkeit geschieht.

Darüber muß in der Kirche dringend gesprochen werden. Denn eine Kirche, die der Wahrheit dienen will, muß selber offen und licht sein.

Hans Stephan Puhl

Fragen an Peter Hertel und an sein Bild des Opus Dei

In seinem zweiten Beitrag zeichnet Peter Hertel ein unheimliches Bild des Opus Dei und seines verhängnisvollen Einflusses in Kirche und Gesellschaft. Dieses Bild erscheint jedoch mehr als fragwürdig. Meine kritischen Fragen beschränken sich auf die wichtigsten Linien seines Bildes und folgen der Gliederung seiner Ausführungen.[1]

1. »Gesellschaftliche Tätigkeiten der Opus-Mitglieder«

Hat der Autor hier nicht das Thema verfehlt, da er erstens nichts über die gesellschaftlichen Tätigkeiten der Mitglieder des Opus Dei sagt (was zugegebenermaßen wegen der unübersehbaren Vielfalt auch recht schwierig wäre) und zweitens nur über den spektakulären Fall eines einzigen ehemaligen Mitgliedes berichtet, nämlich von Ruiz Mateos? Wieso wird der Konflikt zwischen dem Unternehmer Ruiz Mateos und dem spanischen Staat als typisch für das Opus Dei oder gar als Opus Dei interner Konflikt geschildert? Genügt es hierfür, daß Ruiz Mateos versuchte, andere Mitglieder des Opus Dei in diesen Streit mit hineinzuziehen, was ihm aber nicht mit Erfolg gelang?

Hätte nicht eine sorgfältige Schilderung dieses Falles verlangt, daß man die schillernde Figur der Ausnahmeerscheinung von Ruiz Mateos skizziert und würdigt; daß man beschreibt, welche exotische Rolle er gegenwärtig in der Politszene spielt, daß er in über tausend Gerichtsverfahren als Kläger, Beklagter und Ange-

1 Anmerkung des Herausgebers: Die nachfolgenden Fragen an Peter Hertel wurden diesem nicht mehr zu einer erneuten Stellungnahme vorgelegt. Daß die Fragen von Hans Stephan Puhl innerhalb dieses Buches unbeantwortet bleiben, hat daher organisatorische Gründe. Einige thematisch über den zweiten Beitrag von Herrn Hertel hinausgehende und zum Teil unrichtige Fragen sind im Nachwort des Herausgebers erläutert bzw. richtiggestellt.

klagter verstrickt ist, daß alle seine Versuche, Leiter des Opus Dei in Spanien in seine Finanzskandale zu verwickeln, erfolglos blieben, daß das Verfahren, das auf seine Anzeige wegen angeblicher Devisenvergehen anderer Mitglieder des Werkes in Gang gesetzt wurde, nach jahrelangen Untersuchungen und Zeugenvernehmungen im In- und Ausland vom spanischen Finanzministerium eingestellt wurde? Wie ist es zu erklären, daß Ruiz Mateos bei Hertel sozusagen über Nacht aus einer Rolle des Täters, der dem finsteren Treiben des angeblich antikommunistischen und konspirativen Opus Dei zu Diensten ist, in die Rolle des biederen Opfers einer sozialistischen spanischen Regierung und des Opus Dei gerät und jetzt unvermittelt volle Glaubwürdigkeit verdient?

Was ist so schwierig daran, zu verstehen, daß das Opus Dei eine Einrichtung mit ausschließlich religiöser Zielsetzung ist, der die beruflichen oder politischen Erfolge oder Mißerfolge seiner Mitglieder nicht zuzurechnen sind? Ist eine Unterscheidung des Religiösen vom Weltlichen nicht eine der zivilisatorischen Großleistungen, die wir dem Christentum verdanken?

Worin liegt das Verwerfliche, wenn Mitglieder des Opus Dei zur wirtschaftlichen Absicherung korporativer apostolischer Unternehmungen als gemeinnützig anerkannte Vereine oder Stiftungen ins Leben rufen? Ist etwa Apostolat der Laien nur legitim, wenn es offiziell kirchlich und unter unmittelbarer und ausschließlicher Kontrolle der kirchlichen Hierarchie stattfindet? Kann Hertel einen einzigen gemeinnützigen Rechtsträger für korporative Werke des Opus Dei benennen, in dem ein Priester oder ein unmittelbar Beauftragter des Prälaten oder des zuständigen Regionalvikars des Opus Dei im Vorstand sitzt? Ist es denkbar, daß es nicht nur formaljuristisch, sondern auch tatsächlich so ist, daß das Opus Dei keine irdische Macht hat oder anstrebt?

2. »Das goldene Netz«

Woher kommt es, daß jede Meinung und jeder Verdacht, mögen sie auch noch so abenteuerlich sein, dem Autor nicht zu abwegig erscheinen, um wiedergegeben zu werden, vorausgesetzt, sie stützen seine Voreingenommenheit gegen das Opus Dei und stammen von ehemaligen Mitgliedern des Werkes, wie Felzmann, Moncada, Ruiz Mateos etc.? Warum erscheinen dagegen Zeugenstimmen aus dem Opus Dei grundsätzlich als verdächtig - wenn sie überhaupt erwähnt werden? Erklimmt etwa nur der die höchste Stufe unangefochtener Glaubwürdigkeit, der in seinem Lebensweg von einer einmal getroffenen Entscheidung Abstand genommen hat?

Was bezweckt Hertel damit, daß er zusammenhanglose Informationsfetzen über Stiftungen verschiedener europäischer Länder aneinanderreiht und Nordfinanzbank Zürich, Banco Ambrosiano, den Tod des Bankiers Calvi, Erzbischof Marcinkus, die Vatikanbank etc. darbietet? Will er suggerieren, an all diesen »Fällen« seien Mitglieder des Opus Dei beteiligt? Warum greift er nicht auch auf andere Skandale dieser Jahre zurück, wie CO OP, Contras, IBCC, Herstatt-Bank etc.? Warum fügt er nach einer solchen beliebig erweiterten Litanei von Skandal- und Horrorgeschichten nicht wie gehabt in einem nächsten Absatz ohne jeden inneren Zusammenhang ebenso an: »Die Zürcher Limmat-Stiftung ist personell auch mit der Rhein-Donau-Stiftung verbunden ...«?

Selbst wenn Hertel sich presserechtlich und strafrechtlich geschickt absichert, um nicht die Tatbestände der üblen Nachrede oder der Verleumdung zu erfüllen, so könnte sich ihm doch die Frage stellen, ob er nicht moralisch in die Nähe dieser Tatbestände dadurch gerät, daß er bestimmte Meinungen und Verdächtigungen kolportiert. Er sagt zwar nicht, das Opus Dei habe dem Vatikan geholfen, mit 250 Millionen US-Dollar Gläubiger der Banco Ambrosiano abzufinden, er sagt auch nicht, das Opus Dei habe sich damit die Gewährung des Rechtsstatus einer Personalprälatur beim Vatikan erkauft.[2] Er sagt nicht, das Opus Dei habe etwas mit dem Tode Calvis zu tun oder sei eine Geheimgesellschaft und der Mafia vergleichbar. Aber: Legt er all das dem Leser nicht nahe? Wäre es nicht ehrlicher, mit offenem Visier Tatsachen zu behaupten, anstatt anderer Leute Verdächtigungen

2 Vgl. Fußnote 15 im Beitrag von P. Hertel.

zu übernehmen mit der larmoyanten Bemerkung, verifizierbar sei das alles aber nicht?

In der Zeitschrift »Ein Loch in der Zensur«, herausgegeben von Aachener Basisgruppen, Nr. 16 vom 5. 12. 1991, erschienen zwei Artikel über das Opus Dei. Der erste beginnt mit dem Satz: »Nahezu jedes Verbrechen ist durch die Ideologie des Opus Dei gedeckt.« Als Quelle wurde unter anderem Hertel angegeben. Ist es ihm peinlich, mit seinen Aussagen in die Nähe solcher Publikationen zu geraten? Kam ihm einmal der Gedanke, er könne sich mit seinen doppeldeutigen Aussagen und Wiedergaben der Aussagen oder Vermutungen Dritter möglicherweise leichtfertig für solche Allianzen hergeben?

Hält Hertel tatsächlich die Mehrzahl der Mitglieder im Opus Dei für naive Simpel, die sich von der Leitung des Opus Dei für finstere Machenschaften einspannen lassen, ohne es zu bemerken?

3. »Wie mächtig und wie reich ist das Opus Dei?«

Hat Hertel gar keine Bedenken, alles, was ihm zugespielt wird, der Öffentlichkeit zugänglich zu machen, einen vertraulichen Brief von Portillo vom 23. 4. 1979 an Kardinal Baggio, vertrauliche oder interne Dokumente des Opus Dei? Ist für ihn alles Vertrauliche verdächtig und daher als geheim zu desavouieren? Wie würde sich Hertel dazu stellen, wenn jemand, der sich Zugang zu Hertels oder seiner Frau medizinischen Befunden, Steuererklärungen, Versicherungsunterlagen, privater Korrespondenz, Bankkonten, Vermögensverhältnissen, unveröffentlichten Manuskripten etc. verschaffte, diese Dokumente mit Kommentaren, Vermutungen und Spekulationen gespickt in seinen Veröffentlichungen nutzte?

Was ist Hertel so verdächtig an Eliten, um die sich das Opus Dei angeblich so besonders kümmert? Gehört jeder Akademiker zur Elite, so wie Hertel selber einer ist, was ist so schlimm daran, wenn man sie zunächst anspricht? Ist das etwa einmalig in der Kirche? Tritt nicht auch Hertel mit Vorliebe in katholischen Akademien auf, um seine Gedanken zu verbreiten? Ist er der

Meinung, auf dieser Plattform die von ihm so geschätzten Marginalisierten und Entrechteten dieser Welt zu erreichen? Woher will er wissen, daß die meisten Mitglieder des Opus Dei zu den Besserverdienenden gehören? Wenn er den Häusern des Werkes attestiert, in Edelluxus ausgestattet zu sein, was hielte er von einem Vergleich zwischen Wohnfläche und Einrichtungskosten je Mitglied einer durchschnittlichen (Akademiker-)Familie und den entsprechenden Kosten in einem beliebigen Haus des Opus Dei in Deutschland?

Wie kommt Hertel zu dem immer wieder publizierten Satz: »Auch Supernumerarier besprechen ihre beruflichen Tätigkeiten mit ihren Leitern«? Wie kommt es, daß ich so etwas im Opus Dei nie erlebt habe, es sei denn es handelte sich um moralische Aspekte, die aus der Arbeit erwachsen? Wäre es nicht auch unsinniger Zeitverlust, in der geistlichen Leitung über Berufsspezifika zu schwadronieren, von denen der Leiter in aller Regel ohnehin nichts versteht?

4. »Die kirchliche Bedeutung des Opus Dei«

Hat Hertel irgendein anderes Zeugnis als das von Felzmann, wonach sich das Opus Dei als der heilige oder sichere Rest der wahren Kirche begreift? Ist diese Behauptung nicht oft genug vom Opus Dei zurückgewiesen worden, so daß diese Richtigstellung in Hertels Schriften irgendwann einmal gewürdigt werden könnte? Ist Escrivá eigentlich der einzige, der in der Kirche nach dem letzten Konzil mit Sorge einige Fehlentwicklungen betrachtete? Haben nicht Paul VI. und andere unverdächtige Autoritäten in der Kirche Ähnliches geäußert? Woher soll denn im Opus Dei die angebliche Angst nach dem Konzil gekommen sein, da doch das höchste Lehramt gerade in diesem Konzil wesentliche Aussagen des Opus Dei bestätigt und auch die Rechtsfigur der Personalprälatur geschaffen hat, die die heutige Rechtsform des Werkes ist? Wie läßt sich erklären, daß ausgerechnet das Opus Dei, das seine derzeitige Rechtsform dem II. Vatikanischen Konzil verdankt, ein vorkonziliares Kirchenbild haben solle? Wenn das Centro Romano di Incontri Sacerdotali (CRIS) in Rom seit über zwanzig Jahren Vortragsveranstaltungen für Priester organisiert, warum erwähnt Hertel als Redner nur vier Personen, die seine These stützen, wer dort rede, mache Karriere in der Hierarchie? Wo bleiben die Hunderte von Hertel nicht erwähnten Redner?

Als sich in den Anfangsjahren die wenigen Priester des Opus Dei in Deutschland nur seelsorglichen Aufgaben innerhalb des Opus Dei widmeten, hieß die Kritik, sie integrierten sich nicht in die Diözesen. Seit sie Anfang der achtziger Jahre einige Aufgaben auch in Gemeinden und Ordinariaten übernommen haben, heißt es, sie sickerten zusehends in den Diözesanklerus ein. Hat Hertel einen Vorschlag, wie sie sich verhalten sollen, ohne seine Kritik hervorzurufen?

Warum erwähnt Hertel nicht, daß es Priester des Opus Dei waren, die sofort und als erste der berühmt-berüchtigten Aussage von Caffara zu Empfängnisverhütung und Mord öffentlich widersprachen? Kann Hertel als Mann vom Fach darlegen, wie der Pressesprecher des Vatikans seine Aufgabe sinnvoll wahrnehmen soll, ohne sich täglich mit dem Papst zu beraten?

Um welche angebliche Strategie handelt es sich, die zur Seligsprechung des Gründers des Opus Dei am 17. 5. 1992 führt? Wem tritt Hertel eigentlich nahe, wenn er sagt, ein afrikanischer und ein brasilianischer Kardinal hätten ihre Unterschrift unter einen Brief an den Papst mit der Bitte um Seligsprechung Escrivás gesetzt ohne zu wissen, worum es eigentlich ging? Wie kann Kardinal Enrique y Tarancón sich über ungebührliche Eile im Seligsprechungsverfahren Escrivás wundern, wenn er selbst Vorsitzender des Verfahrens in Madrid war? Könnte sich Hertel bei der zuständigen Kongregation in Rom erkundigen, warum der Seligsprechungsprozeß von Johannes XXIII. nicht so schnell weitergeht, oder inwieweit der Prozeß Escrivás schneller verlief, ehe er zu kirchenpolitischen Spekulationen greift? Ist es denkbar, daß Verlauf und Dauer eines Seligsprechungsprozesses nicht nur von Faktoren abhängen, die von den damit befaßten kirchlichen Gremien beeinflußbar sind? Ist es deshalb nicht voreilig, diesen Gremien Prozeßverschleppung im einen und ungewöhnliche Eile im anderen Fall vorzuwerfen?

5. »Versuch einer theologischen Wertung«

Ist jeder, der sein ganzes Leben aus dem Glauben zu gestalten trachtet, ein Integralist? Was würde Hertel davon halten, wenn man ihn der Geheimniskrämerei bezichtigte, nur weil er Dinge seiner Privatsphäre nicht pausenlos öffentlich deklariert? Hat Hertel je ein Mitglied des Opus Dei getroffen, das geheim arbeitet, blind gehorcht und angeblich heiligen Zwang ausübt? Ist es denkbar, daß gläubige Katholiken in allen Lebensbereichen ihren Glauben leben - oder zu leben versuchen - und dabei treu dem Lehramt folgen, ohne daß sie in ihrem Beruf ihre Selbstverantwortlichkeit aufgeben? Kann Hertel sich vorstellen, daß Katholiken versuchen, ihr Leben und ihr gesellschaftliches Umfeld ganz aus ihrem christlichen Glauben zu prägen, ohne eine Theokratie anzustreben oder dem Caesaropapismus zu huldigen? Ist es denkbar, daß für mündige Christen Ende dieses Jahrhunderts eine Verchristlichung der Gesellschaft nicht gleichbedeutend ist mit politischer und gesellschaftlicher Gleichschaltung? Hat im Verständnis von Hertel Pluralismus im Christentum einen Platz?

Überdehnt Hertel nicht seine Interpretation von Texten eines Testamentes, das Mitglieder des Opus Dei unterschreiben, wenn er aus dem Ausdruck »römisch-katholische« Kirche ableitet, im Opus Dei werde ein vorkonziliares Kirchenbild verfestigt, oder man weiche dort gar vom Apostolischen Glaubensbekenntnis ab? Woher nimmt Hertel die Angst, im Opus Dei wolle irgendwer die staatliche Jurisdiktion in der kirchlichen aufgehen lassen, die Kirche zum Gesetzgeber profanen Rechts machen? Wie kommt er zu dem abenteuerlichen Schluß, der Vorsatz, die Gesellschaft zu christianisieren, gefährde demokratischen Pluralismus und grenze Andersdenkende als Ketzer aus? Tritt hier nicht ein abgrundtiefes Mißtrauen gegen das Christentum selbst und nicht etwa nur gegen solche, die es in die Welt tragen wollen, zutage?

Wenn das Opus Dei dem Bild entspräche, das Hertel von ihm zu zeichnen versucht, wäre es ein Monster, und ich bin sicher, nicht nur ich, sondern alle Mitglieder des Werkes wären Alliierte an Hertels Seite zur Bekämpfung einer derart krankhaften Fehlentwicklung in der Kirche, die schlimmer als integralistisch und sektiererisch wäre. Mir ist unverständlich, wieso Hertel am Ende seiner Ausführungen noch Bewunderung für den religiösen Ernst der Mitglieder einer solchen Einrichtung bekunden kann. Für mich wäre das alles nichts als Verlogenheit, Bigotterie und Anmaßung.

Nachwort

In seinem letzten Beitrag hat Herr Puhl einige Fragen gestellt, die sich inhaltlich nicht auf den unmittelbar voraufgehenden Aufsatz Peter Hertels beziehen, sondern auf andere, von diesem veröffentlichte Publikationen über das Opus Dei, oder die an die seit mehreren Jahren zwischen dem Opus Dei und Herrn Hertel geführte, dem Leser aber nicht unbedingt bekannte Auseinandersetzung anknüpfen. Dabei wurden zum Teil Behauptungen aufgestellt, die die Position Peter Hertels nicht richtig wiedergeben. Da nun Herr Hertel innerhalb dieses Buches keine Gelegenheit hat, auf die Fragen von Herrn Puhl zu antworten, möchte ich an dieser Stelle als Herausgeber kurz die wichtigsten Punkte klarstellen:

1. Weder aus seinen Schriften noch aus den auf der Freiburger Tagung gemachten Äußerungen geht hervor, daß Herr Hertel »über Nacht« dem zwielichtigen Opus-Dei-Mitglied Ruiz Mateos »volle Glaubwürdigkeit« zuspricht.
2. Den Beweis für die Behauptung, Herr Hertel sichere »sich presserechtlich und strafrechtlich geschickt« ab, »um nicht die Tatbestände der üblen Nachrede oder der Verleumdung zu erfüllen«, ist bisher von Seiten des Opus Dei nicht erbracht worden. Im Gegenteil: Nach Informationen des Herausgebers hat das Opus Dei bisher nur einmal versucht, gerichtlich gegen eine Behauptung von Herrn Hertel vorzugehen, und zwar vor Veröffentlichung des von W. Beinert herausgegebenen Buches *»Katholischer« Fundamentalismus - Häretische Gruppen in der Kirche?* (Regensburg 1991). In diesem Buch behauptet Peter Hertel, daß bereits 14 1/2jährige zwar nicht formal-juristisch, aber doch praktisch in das Opus Dei eingegliedert werden, wodurch kirchenrechtliche Intentionen unterlaufen würden und die

deutschen Bischöfe vom Opus-Dei-Leiter Portillo hinters Licht geführt worden seien.[1] Nachdem Herr Hertel allerdings das entsprechende geheime Opus-Dokument vorlegen konnte, wurde von Seiten des Opus Dei auf gerichtliche Schritte verzichtet.[2]

3. Die von Herrn Puhl erwähnte Zeitschrift »Ein Loch in der Zensur«, Nr. 16, enthält unter anderem die Artikel »Opus Dei« und »Die Aachen Connection«.
Der Artikel »Opus Dei« beginnt mit dem von Herrn Puhl zitierten Satz: »Nahezu jedes Verbrechen ist durch die Ideologie des Opus Dei gedeckt.« Zum Schluß des Artikels sind die Quellen angegeben. Dort findet sich freilich der Name »Hertel« nicht.
In den Quellen zum Artikel »Die Aachen Connection«, der teilweise die Verbindungen von Opus-Stiftungen und korporativen Opus-Einrichtungen referiert, steht dagegen auch der Name von Herrn Hertel.

4. Nach den dem Herausgeber zugänglichen Informationen stimmt es nicht, daß Herr Hertel jedes ihm bekannte Geheimdokument des Opus Dei ohne Zögern veröffentlicht. So befinden sich beispielsweise zwei ebenso vertrauliche wie brisante Schreiben Escrivás in dessen Besitz, deren Inhalt Herr Hertel nicht bekanntgemacht hat. Auch der von Herrn Puhl erwähnte Brief Portillos an Kardinal Baggio[3] war bereits an anderer Stelle veröffentlicht, bevor ihn dann auch Herr Hertel öffentlich zitierte.
Der von Herrn Puhl gezogene Vergleich mit Privatdokumenten einer Einzelperson (Steuererklärungen, Versicherungsunterlagen etc.) ist in diesem Zusammenhang nicht nur deshalb unzulässig, weil Herr Hertel keine derartigen Dokumente von Opus-Dei-Mitgliedern veröffentlicht hat, sondern auch, weil hier Äpfel mit Birnen verglichen werden:

1 Vgl. *P. Hertel*, Opus Dei, in: »Katholischer« Fundamentalismus - Häretische Gruppen in der Kirche?, hg. v. W. Beinert, Regensburg 1991, 152 f.

2 Vgl. hierzu auch: *W. Beinert*, Stellungnahme zu dem Beitrag von Johannes Grohe, in: Klerusblatt 71, 1991, 261.

3 Vgl. S. 149.

auf der einen Seite die Veröffentlichung von Dokumenten, die Auskunft über die Struktur und Aktivitäten einer kirchlichen *Institution* geben, auf der anderen die Publizierung von persönlichen Dokumenten einer *Privatperson*.

5. Die Behauptung, Herr Hertel trete »mit Vorliebe in katholischen Akademien auf«, ist nicht richtig. Nach Informationen des Herausgebers hält Herr Hertel seine Vorträge über das Opus Dei vorwiegend in Pfarrgemeinden und Ordensgemeinschaften.[4]

***

Die Beiträge dieses Bandes über Ziele, Anspruch und Einfluß des Opus Dei haben verdeutlicht, daß, bei allen Auseinandersetzungen im Detail, es letztlich zwei diametral entgegengesetzte Kirchenbilder sind, die hier aufeinandertreffen. Die Auseinandersetzung mit dem Opus Dei wird in der Öffentlichkeit wohl auch deshalb so vehement geführt, weil anhand dieser Organisation, gleichsam wie in einem Brennpunkt, jenes Kirchenverständnis deutlich wird, das derzeit allzuhäufig von führenden Amtsträgern der katholischen Kirche vertreten wird - unabhängig davon, ob sie Mitglieder des Opus Dei sind oder nicht. So wurde auch auf der Freiburger Tagung von Seiten der Opus-Dei-Mitglieder des öfteren darauf hingewiesen, daß bestimmte Kritikpunkte nicht nur auf das Opus Dei zuträfen, sondern auf die katholische Kirche in ihrer derzeitigen Erscheinungsform insgesamt.

Das Opus Dei verkörpert ein Kirchenbild, bei dem Hierarchie, Gehorsam, Ordnung und Sicherheit zentrale Strukturelemente sind. Sicher: auch hier gibt es Mut zu neuen Formen, Pluralität, Communio und Freiheit des einzelnen - doch nur, soweit dadurch nicht die bestehenden Strukturen in Frage gestellt werden.

4 Nur dreimal hat Herr Hertel bisher auf Akademietagungen gesprochen, die sich dem Opus Dei widmeten: 1989 in Linz (Österreich), 1990 in Zürich (Schweiz) und 1991 in Freiburg i. Br. (Deutschland). Bei all diesen Tagungen waren auch Referenten des Opus Dei beteiligt. Der erste derartige Versuch, im Rahmen einer Akademieveranstaltung das Gespräch zwischen Herrn Hertel und dem Opus Dei zu ermöglichen (1985 in der Katholischen Akadamie der Diözese Aachen) scheiterte noch an der Absage des Opus Dei.

Kirchliche Hierarchie und theologisches Lehramt erscheinen als Bollwerk der Wahrheit. Ziel ist eine Uniformität, die alle Kritik von außen abwehrt. Innerhalb der Mauern ist Kritik zwar theoretisch erlaubt, aber praktisch unerwünscht - vor allem dann, wenn sie sich öffentlich artikuliert. Meinungsvielfalt und öffentlicher Disput werden als bedrohlich empfunden, und dies trotz aller anderslautenden Beteuerungen auf Tagungen katholischer Akademien.[5]

Der unbedingte Gehorsam der Laien gegnüber der kirchlichen Hierarchie ist auch ein zentrales Anliegen des Opus Dei. In diesem Sinne kann daher auch der dem Opus Dei nahestehende Dominikaner-Pater Basilius Streithofen feststellen: Das Opus Dei »ist heute die zuverlässigste kirchliche Gemeinschaft *für Papst und Bischöfe*«[6].

Dem steht ein Kirchenbild gegenüber, das Pluralität, Mut zu neuen Formen, Communio und Freiheit des einzelnen zu beherrschenden Prinzipien erklärt. Ordnung, Gehorsam, Hierarchie gibt es nur, soweit dadurch die zuerst genannten Prinzipien nicht gefährdet oder beschnitten werden. Es ist dies eben jenes Kirchenverständnis, das auch zentrale Texte des Zweiten Vatikanischen Konzils als roter Faden durchzieht. Gerade der offene Geist jenes Konzils ist es aber, der heute innerkirchlich wieder zunehmend in Frage gestellt wird. Doch soviel dürfte feststehen: wenn die katholische Kirche in Zukunft nicht zu einem fossilen Kuriosum werden will, sind radikale Reformen in Struktur, Geist und personeller Zusammensetzung unumgänglich. Dies wird inzwischen nicht mehr nur von »Außenseitern« oder »irregeleiteten Theologieprofessoren« gefordert. So schreibt etwa die Kommission »Pastorale Grundfragen« des Zentralkomitees der deutschen Katholiken in einem 1991 verbreiteten Diskussionspapier: »Die Spannungen, von denen die katholische Kirche heute bis zum Zerreißen erfüllt ist - zwischen Zentrale und Ortskirchen, zwi-

5 Vgl. hierzu auch den aufschlußreichen Artikel: *U. Beck*, Kirche und Öffentlichkeit. Anmerkungen zur Kölner Erklärung und zur römischen Theologeninstruktion, in: Stimmen der Zeit 210, 1992, 100-108.

6 *B. Streithofen*, In jedem Menschen ein Heiliger, in: Die Welt, 17. Mai 1992, 30 (Hervorhebung durch den Herausgeber).

schen Klerus und Laien, zwischen 'Rom' und den Theologen, zwischen 'Männerkirche' und Frauen - lassen sich zurückführen auf ein *Grundproblem*: Die Kirche in ihrer geschichtlich gewordenen Gestalt ist ungleichzeitig mit dem Selbstbewußtsein heutiger Menschen. In der Gesellschaft wie auch im Privatleben verstehen sich moderne Menschen als mündig, während sie sich in der Kirche immer noch überwiegend als Objekte einer Leitung und Belehrung erfahren, auf die sie keinen Einfluß haben. Aber in welchem Licht stellt sich dann Kirche dar! Als ob das Zweite Vatikanum nicht stattgefunden hätte. Als ob es die Lehre vom 'Glaubenssinn' aller Christen nicht gäbe. Als ob die Freiheit der Kinder Gottes und der Freimut der Rede Erfindungen des Liberalismus wären. Als ob die Übereinstimmung des Amtes mit der 'ganzen Gemeinde' der Kirche nicht ins Stammbuch geschrieben wäre (vgl. Apg 1,15-26; 6,1-6; 15,22).«[7]

Die Kirche darf sich von der geistigen Entwicklung der Menschheit und ihrer Gesellschaftsformen nicht ablösen. Sie sollte um der Botschaft Jesu willen den Mut zu einer durchgreifenden Veränderung ihrer Struktur und ihrer geistlichen Ausrichtung besitzen.

Harald Schützeichel

7 Dialog statt Dialogverweigerung. Wie in der Kirche miteinander umgehen? Diskussionsbeitrag der Kommission 8 »Pastorale Grundfragen« des Zentralkomitees der deutschen Katholiken, Bonn, Oktober 1991, 4. Das Diskussionspapier ist kostenlos erhältlich beim Zentralkomitee der deutschen Katholiken, Hochkreuzallee 246, 5300 Bonn 2.

Bibliographie

Zusammengestellt von Ronald P. Klein

In die Auswahlbibliographie wurden um einer größeren Vollständigkeit willen Beiträge unterschiedlichsten Charakters aufgenommen. Die Aufnahme in die Bibliographie erfolgte in der Regel ohne inhaltliche Bewertung, verzichtet wurde allerdings auf die Erwähnung zweier Artikel von Jürgen Roth, die es aufgrund erwiesener Falschaussagen mit sich brachten, daß die entsprechenden Bücher aus dem deutschen Buchhandel zurückgezogen werden mußten.[1] Einige weitere Hinweise finden sich bei: D. le Tourneau, *Das Opus Dei*, Stein a. Rhein ²1988, 220-226, und M. Walsh, *Die geheime Welt des Opus Dei*, München 1992, 252-256. Ergänzende Literatur zum Gründer des Opus Dei verzeichnet C. Escartín, *Escrivá de Balaguer*, in: Gran Encyclopedia Rialp Bd. XXV, Madrid 1985, Sp. 636-642. Redaktionsstand ist April 1992.

A. Quellen, Quellensammlungen, interne Publikationen

I. Quellen[2]

Regulae (»Reglamento«), Régimen, Orden, Costumbres, Espíritu, Ceremonial, Madrid 1941.

Lineamenta generalia (Socetatis sacerdotalis Sanctae Crucis), Madrid 1943.

Constitutiones Societatis sacerdotalis Sanctae Crucis, Madrid 1944.

Constitutiones Societatis sacerdotalis Sanctae Crucis et Operis Dei, Rom 1947.

Constitutiones Societatis sacerdotalis Sanctae Crucis et Operis Dei, Rom 1950.

1 Näheres bei *P. Hertel*, »Ich verspreche euch den Himmel«. Geistlicher Anspruch, gesellschaftliche Ziele und kirchliche Bedeutung des Opus Dei, Düsseldorf ³1991, 50 f.

2 Soweit unveröffentlicht, sind die Quellen zu finden im »Archivo general de la Prelatura«, sezione giuridica.

Codex Iuris Peculiaris Societatis sacerdotalis Sanctae Crucis et Operis Dei, Rom 1963.

Atti del Congresso Generale Speciale, Sezione maschile, Rom 1969/1970.

Atti del Congresso Generale Speciale, Sezione femminile, Rom 1969/1970.

Codex Iuris Particularis Societatis sacerdotalis Sanctae Crucis et Operis Dei, Rom 1974.

(Studio) Circa la trasformazione dell'Opus Dei in Prelatura personale. Studio realizzato dalla Commissione paritetica approvata da SS. Giovanni Paolo II e composta da rappresentanti della S. C. per i Vescovi e da rappresentanti dell'Opus Dei I/II, Rom 1981.

Codex Iuris Particularis seu Statuta Praelaturae Sanctae Crucis et Operis Dei, Rom 1982.

Außer dem »Codex Iuris Particularis« von 1982 hält das Opus Dei weitere, im Kern von den Dokumenten von 1941 herzuleitende Zusatzdokumente (»Caeremonial«, »De Spiritu« etc.) für einen Bestandteil seines Eigenrechts.

II. Quellensammlungen

Fuenmayor, A. de/Gómez-Iglesias, V./Illanes, J. L., El itinerario jurídico del Opus Dei. Apéndice documental, Pamplona ^{3}1989, 509-657.

Perez-Castro, L. (Hg.), Los estatutos secretos del Opus Dei I/II, Madrid 1986.

Rocca, G., L'Opus Dei. Appunti e documenti per una storia. Documenti, Rom 1985, 129-227.

Romana, Bolletino della prelatura della Santa Croce e Opus Dei, Rom 1985 ff.

III. Interne Publikationen[3]

Briefe (»cartas«) und Anweisungen (»instrucciones«) des Vaters (bis 1975 Josemaría Escrivá de Balaguer, seit 1975 Alvaro del Portillo), Madrid 1930 ff./Rom 1946 ff.

Interne Periodica (für die verschiedenen Sektionen): »Crónica«, Rom 1954 ff., »Noticias«, »Obras«. Aus seit 1954 erschienen Artikeln zur Spiritualität des Opus Dei ist der Band »De nuestro Padre« zusammengestellt.

Außerdem von J. Escrivá de Balaguer: »Apuntes íntimos« (Aufzeichnungen vor allem aus der Anfangszeit des Opus Dei) sowie »Meditaciones«/»Dos meses de catequesis«/»Catequesis in Amerika«.

3 Hier aufgeführt nach *P. Berglar*, Opus Dei. Leben und Werk des Gründers Josemaría Escrivá, Salzburg ^{2}1984, 358; nur in Einzelfällen oder auszugsweise veröffentlicht; soweit vom Gründer selbst stammend, sind die oft in verschiedenen Fassungen vorliegenden Publikationen im »Registro histórico del Fundador« des Generalarchivs der Prälatur vom Heiligen Kreuz und Opus Dei zu finden.

B. Literatur

I. Zur Geschichte und Spiritualität des Opus Dei

1.1. Monographien (deutschsprachig)

Becker, K. M./Kaick, G. v./Scheffczyk, L./Torelló, J. B., Heiligung der Arbeit, Nettetal 1984.

Beinert, W., »Katholischer« Fundamentalismus - Häretische Gruppen in der Kirche?, Regensburg 1991.

Berglar, P., Opus Dei. Leben und Werk des Gründers Josemaría Escrivá, Salzburg ^{2}1984 (mehrfach übersetzt).

Bernal, S., Msgr. Josemaría Escrivá de Balaguer. Aufzeichnungen über den Gründer des Opus Dei, Köln 1978.

Byrne, A., Die gewöhnliche Arbeit heiligen - Wesen und Geist des Opus Dei, Köln ^{2}1984.

- Den Alltag heiligen. Über das Opus Dei. Sonderdruck, Köln 1985.

Escrivá de Balaguer, J., Der Weg, Köln ^{11}1984. Spanische Erstausgabe: Camino, Valencia 1939 (^{41}1984).

- Christus begegnen, Köln ^{5}1978. Spanische Erstausgabe: Es Cristo que pasa, Madrid 1973.
- Freunde Gottes, Köln ^{2}1980. Spanische Erstausgabe: Amigos de Dios, Madrid 1977.
- Die Spur des Sämanns, Köln 1986. Spanische Erstausgabe: Surco, Madrid 1986.
- Im Feuer der Schmiede, Köln 1987. Spanische Erstausgabe: Forja, Madrid 1987.

Fernseh-Desinformation in der Bundesrepublik Deutschland über das Opus Dei, mit 17 Anlagen, hg. v. Informationsbüro des Opus Dei in Deutschland, Köln 1989.

Gerber, R./Vogel, A. K., Du mußt nur Deinen Kopf abgeben, Zürich 1984.

Gespräche mit Msgr. Escrivá de Balaguer, Köln ^{3}1981. Spanische Erstausgabe: Conversaciones con Mons. Escrivá de Balaguer, Madrid 1968.

Herranz, J., Opus Dei und die Politik. Sonderdruck, Köln 1957. Deutsche Fassung von: El Opus Dei y la politica, in: Nuestro Tiempo Nr. 24, 1957, 385-402.

- Priester des Opus Dei. Sonderdruck, Köln 1957. Deutsche Fassung von: Los presbiteros del Opus Dei, in: Nuestro Tiempo Nr. 27, 1958.
- Vom Wesen des Opus Dei und vom Wirken seiner Mitglieder in der Welt. Sonderdruck, Köln 1962. Deutsche Fassung von: Natura dell'Opus Dei e attività temporali dei suoi membri, in: Studi Cattolici 6, 1962, 73-90.
- Die Entwicklung der Säkularinstitute. Sonderdruck, Köln nach 1965. Deut-

sche Fassung von: The evolution of secular institutes, in: The Jurist 25, 1965, 129-162.

Hertel, P., »Ich verspreche Euch den Himmel« - Geistlicher Anspruch, gesellschaftliche Ziele und kirchliche Bedeutung des Opus Dei, Düsseldorf 1985 (4. überarbeitete und ergänzte Neuauflage, Düsseldorf 1991).

Informationsblatt »Der Diener Gottes Josemaría Escrivá, Gründer des Opus Dei« Nr. 1-12, hg. v. der Vizepostulation des Opus Dei in Deutschland, Köln 1976 ff.

Keenan, W., Josemaría Escrivá - eine kurze Lebensgeschichte, Köln 1990. Deutsche Fassung von: The venerabile Mons. Escrivá, Founder of Opus Dei, Dublin 1989.

Paulus-Akademie (Hg.), Opus Dei - Stoßtrupp Gottes oder »Heilige Mafia«? Macht und Einfluß des Opus Dei in der Schweiz und anderswo, Zürich 1992.

Portillo, A. del, Der gegenwärtige Stand der weltlichen Institute. Sonderdruck, Köln 1959.

- 25 Fragen an den Prälaten des Opus Dei, hg. v. Informationsbüro der Prälatur Opus Dei in Deutschland, Köln 1986.

Rodriguez, P., Der Weg und die Spiritualität des Opus Dei. Sonderdruck, Köln 1985. Deutsche Fassung von: Camino y la espiritualidad del Opus Dei, in: Teología espiritual 9, 1965, 213-245.

Roegele, O. B./Bekel, A./Reiring, H. (Hg.), Opus Dei - Für und Wider, Osnabrück 1967.

Steigleder, K., Das Opus Dei - Eine Innenansicht, Zürich/Einsiedeln/Köln ^{4}1991; auch in italienischer Übersetzung: L'Opus Dei. Vista dall'interno, Turin 1986 (mit einem Vorwort von M. di Giacomo).

Streithofen, H. B., Die Division des Papstes, München 1988.

Thomas, H., Pluralismus und hierarchische Kirche. Bemerkungen zu einer Schrift über das Opus Dei von P. Hertel, Köln 1986.

Thomas, H./Frankenberg, R. von, Anmerkungen zu einer Schrift von K. Steigleder »Das Opus Dei - Eine Innenansicht«, Köln 1983.

Torelló, J. B., Die Welt erneuern. Zur Spiritualität der Laien, Köln 1974.

Tourneau, D. le, Das Opus Dei, Stein am Rhein ^{2}1988. Deutsche, überarbeitete Fassung von: L'Opus Dei, Paris ^{2}1985.

Walsh, M., Die geheime Welt des Opus Dei. Macht und Einfluß einer Organisation im Schatten der Kirche, München 1992. Deutsche Fassung von: The secret world of Opus Dei, London 1989.

1.2. Monographien (fremdsprachig)

Artigues, D., El »Opus Dei« en España. Su evolución ideológica y politica, Paris 1968.

- El »Opus Dei« en España 1928-1962, Paris 1971.

Azevedo, H. de, Uma luz no mundo. Vida do Servo de Deus Monsenhor Escrivá de Balaguer, Lissabon 1988.

Blank, W./Gómez Pérez, P., Doctrina y vida, Madrid 1971.
Bosbeke, A. van, Opus Dei en Belgique, Antwerpen 1986.
Carandell, L., Vida y milagros de Monseñor Escrivá, Barcelona 1975.
Casanova, J. V., The Opus Dei Ethic and the Modernization of Spain, Diss. masch., New York 1982.
Dalmau y Olivé, M. J., Contrapuntos al camino del Opus Dei, Barcelona 1970.
Ekaizer, Ernesto, José María Ruiz Mateos, El Ultimo Magnate, Barcelona 1985.
Escrivá de Balaguer, J., Consideraciones espirituales, Valencia 1934.
- La constitución apostolica »Provida Mater Ecclesia« y el Opus Dei, Madrid 1949.
Fuenmayor, A. de/Gómez-Iglesias, V./Illanes, J. L., El itinerario jurídico del Opus Dei. Historia y defensa de un carisma, Pamplona [4]1990.
Giacomo, M. di, Opus Dei, Neapel 1987.
Gómez Pérez, R., La fé y los días, Madrid 1973.
Gondrand, F., Au pas de Dieux - Josemaría Escrivá de Balaguer, fondateur de l'Opus Dei, Paris 1982 (mehrfach übersetzt).
Helming, D. M., Christanity for everyman, Chicago 1972.
Illanes, J. L., On the theology of Work, Dublin 1982.
- La sanctificación del trabajo, tema de nuestro tiempo, Madrid [6]1980. Auch in französischer Fassung: La sanctification du travail, thème de notre temps, Paris [2]1985.
Livi, A. u. a., Uno stilo cristiano di vita, Mailand 1972.
Martinell, F. (Hg.), Cristianos corrientes. Textos sobre el Opus Dei, Madrid 1970.
Moncada, A., El Opus Dei. Una interpretación, Paris 1974.
- Los hijos del padre, Barcelona 1977.
- Historia oral del'Opus Dei, Barcelona 1987.
Morales, J. (Hg.), Estudios sobre Camino, Madrid 1988.
Moreno, M. A., El Opus Dei. Anexo a una historia, Barcelona 1976.
- La otra cara del Opus Dei, Barcelona 1978.
Pälsson, K., Vägen till Opus Dei, Stockholm 1989.
Portillo, A. del, Chercher Dieu au milieu du monde - Entretiens avec Mgr. del Portillo, Prélat de l'Opus Dei, Paris 1983.
Portillo, A. del/Ponz, F./Herranz, J., En memoria de Mons. Escrivá de Balaguer, Pamplona 1976.
Roche, J., The Inner World of Opus Dei, Ms., unveröffentlicht.
Rodriguez, P., Vocación trabajo, contemplación, Pamplona 1986.
Rodriguez, P./Sousa, A. de/Zumaquero, J. M. (Hg.), Monseñor Escrivá de Balaguer y el Opus Dei - En el 50 Aniversario de su Fundación, Pamplona 1982 ([2]1985); ebenfalls abgedruckt in: Scripta Theologica 13, 1980, 8-489.
Sastro, A., Tiempo a camminar, Madrid [4]1990.
Saunier, J., L'Opus Dei et les sociétés secrètes catholiques, Paris 1973.
Seco, L. I., La herencia de Mons. Escrivá de Balaguer, Madrid [3]1986.
Shannon, M. T., Christianity in everyday life, Melbourne 1979.

Thierry, J. J., L'Opus Dei - Mythe et réalité, Paris 1973; auch in spanischer (Buenos Aires 1976) und englischer Übersetzung (Opus Dei. A Close-Up, New York 1975).

Torelló, J. B. u. a., La vocación cristiana, Mailand 1975.

Vaillant, Y. le, Sainte maffia: Le dossier de l'Opus Dei, Paris 1971.

Vázquez de Prada, A., El fundador del Opus Dei. Mons. Josemaría Escrivá de Balaguer (1902-1975), Madrid ^{2}1984.

West, W., Opus Dei - Exploding a myth, Sydney ^{2}1988.

Ynfante, J., La prodigiosa aventura del Opus Dei. Genesis y desarollo de la Santa Mafia, Paris 1970.

2.1. Aufsätze in Zeitschriften und Sammelbänden (deutschsprachig)

Alcalá, M., Die Welt verchristlichen. Das Opus Dei besteht 50 Jahre, in: Rheinischer Merkur, 29. September 1978.

Arquer, J., Die Lehre Christi voll erfassen. Besonderer Generalkongreß des Opus Dei, in: Deutsche Tagespost, 7. Oktober 1969.

Baggio, S., Das Opus Dei - eine Wende in der Geschichte der Laienspiritualität, in: Deutsche Tagespost, 19. August 1975.

Balthasar, H. U. von, Integralismus, in: Wort und Wahrheit 18, 1963, 737-744.

- Friedliche Fragen an das Opus Dei, in: Der christliche Sonntag, 12. April 1964, 117 f.
- Integralismus heute, in: Diakonia 19, 1988, 221-229.

Beinert, W., Katholischer Fundamentalismus? Ein Beitrag zu einer notwendigen Besinnung, in: Ulrichsblatt. Kirchenzeitung für die Diözese Augsburg, 14./15. September 1991, 4 f.

- Stellungnahme zu dem Beitrag von Johannes Grohe [s.u.], in: Klerusblatt 71, 1991, 261-264.

Berglar, P., Msgr. Escrivá und die Soldaten des Alltags - Das Opus Dei besteht seit einem halben Jahrhundert, in: Die Welt, 30. September 1978.

Bucher, K., Eine integralistische Bewegung, in: Aufbruch Nr. 14, November 1990, 2.

- Stichworte zum Opus Dei, in: Aufbruch Nr. 14, November 1990, 3.
- Opus Dei in der Schweiz, in: Aufbruch Nr. 14, November 1990, 5.

Bucher, K./Bredull, K., Opus-Innenleben, in: Aufbruch Nr. 14, November 1990, 6 f.

Caparros, E., Heiligung der Arbeit und priesterlicher Dienst. Die Priesterliche Gesellschaft vom Heiligen Kreuz. Sonderdruck, Köln 1984. Deutsche Fassung von: Sanctification du travail et ministère sacerdotal: la Société Sacerdotale de la Sainte-Croix, in: Prêtre et Pasteur, Juni 1984.

Castillo, J. M., Die »Nachfolge Christi« und der »Weg«. Zum Thema unterscheidendes Erkennen, in: Concilium 14, 1978, 585-590.

Condon, J., Die Säkularinstitute und das Opus Dei, in: Orientierung 22, 1958, 9 f.

Degenhardt, J. J., Opus Dei, in: Der Dom, 11. November 1984.

Dern, W., Das Opus Dei in Spanien und außerhalb, in: Frankfurter Hefte 18, 1963, 675-680.

Dinrod, H., Moderne Bewegungen in der Kirche (I): Das Opus Dei, in: Regnum 17, 1982, 124-133.

Fischer, H. J., Göttlicher Glanz im täglichen Leben. Die Gemeinschaft des Opus Dei, in: Frankfurter Allgemeine Zeitung, 8. September 1981.

Frankenberg, R. von, Karikatur und Wirklichkeit, in: Katholische Nachrichtenagentur. Im Gespräch, Nr. 21, Bonn, 5. Oktober 1983.

Fries, H., Nicht Gespenst, sondern Wirklichkeit. Zur Diskussion über einen katholischen Fundamentalismus, in: Christ in der Gegenwart 43, 1991, 237 f.

Garhammer, E., Das Opus Dei. Kirche in der Kirche?, in: Theologisch-Praktische Quartalsschrift 139, 1991, 370-374.

Görres, A., Pathologie des katholischen Christentums, in: Handbuch der Pastoraltheologie II/1, Freiburg ²1971, 277-343.

Grohe, J., Wolfgang Beinert über das Opus Dei. Anmerkungen zu den Fundamentalismus-Thesen des Regensburger Dogmatikers, in: Klerusblatt 71, 1991, 257-260.

Haldimann, U., Opus Dei - Die heilige Mafia, in: Die unheimlichen Patrioten, hg. v. J. Frischknecht, Zürich 1979, 344-381.

Haustein, J., Rechter Seliger oder seliger Rechter? Die Seligsprechung des Opus-Dei-Gründers Josemaría Escrivá de Balaguer, in: Materialdienst des Konfessionskundlichen Instituts Bensheim 43, 1992, 25 f.

Heilige Mafia, in: Der Spiegel 46, 11. Mai 1992, 196-198.

Hengsbach, F., Opus Dei verdient keine Anklage, in: Ruhrwort, 2. Juni 1984.

Herranz, J., Das Opus Dei, in: Entschluß 17, 1961/62, 257-261, 323-326. Deutsche Fassung von: L'Opus Dei, in: Studi Cattolici 5, 1961, 73-81.

Hertel, P., Sei stark und männlich - Der katholische Laienorden »Opus Dei« hatte Jubiläum, in: Deutsches Allgemeines Sonntagsblatt, 7. Januar 1979.

- Fromm und geldfürchtig, in: Deutsches Allgemeines Sonntagsblatt, 16. November 1986.
- Die politische Berufung des »Opus Dei«, in: Concilium 23, 1987, 415-421.
- Das Opus Dei und die ersten Christen, in: Bibel und Liturgie 61, 1988, 226-230.
- Hinter den Kulissen von Opus Dei, in: Kommentar, Mai 1988, 3-6.
- Das »Opus Dei« zum Beispiel, in: Bibel heute 26, 1990, 176-179.
- Die politische Berufung des Opus Dei, in: Aufbruch Nr. 14, November 1990, 14.
- Glaube und Geld. Wesen und Geschäfte des Opus Dei, in: Evangelische Kommentare 23, 1990, 742-744.
- Das Opus Dei - was hat es damit auf sich?, in: Anzeiger für die Seelsorge 1991, 83-86, 139-141.
- Opus Dei, in: Golias Nr. 27/28, 1991, 231-235.
- »Ich komme wieder«, in: Kirche intern 5, 1991, 45 f.

- Opus Dei, in: »Katholischer« Fundamentalismus - Häretische Gruppen in der Kirche?, hg. v. W. Beinert, Regensburg 1991, 148-165.
- Opus Dei, in: Brockhaus Enzyklopädie 16, Mannheim [18]1991, 230.
- Opus Dei, in: Evangelisches Kirchenlexikon 3, Göttingen [3]1991, 888-890.
- Nicht nur Corps des Papstes, sondern auch Kampftruppe, in: Börsenblatt für den Deutschen Buchhandel. Sonderheft Theologie, Frankfurt am Main/Leipzig, 10. März 1992, 132-137.
- Intelligent gehorchen, aber blind. Ein Wegweiser durch den Dschungel offizieller und geheimer Dokumente des Opus Dei, in: Opus Dei - Stoßtrupp Gottes oder »Heilige Mafia«? Macht und Einfluß des Opus Dei in der Schweiz und anderswo, hg. v. der Paulus-Akademie Zürich, Zürich 1992, 34-151.
- Der rechte Flügel des Heiligen Vaters. Peter Hertel analysiert die Geheimorganisation »Opus Dei«, in: InnoVatio. Chancen für Gestalter in Wirtschaft und Kultur 5/1992, 60-62.

Herzog, W., Das Gotteswerk ist ins politische Wellental geraten, in: Frankfurter Rundschau, 17. Dezember 1979.

Jüttner, F., Zwischen Idealisierung und Abwertung, in: Aufbruch Nr. 14, November 1990, 10.

Kägi, U., Das katholische Opus Dei schreckt viele Katholiken I/II, in: Die Weltwoche, 19./26. Januar 1983.

Kaiser, P./Steger, K., Probleme mit der Weltlichkeit. Zielsetzung und Wirken des Opus Dei, in: Herder Korrespondenz 37, 1983, 122-127.

Kopp, B., Angst als »Rückgrat«, in: Aufbruch Nr. 14, November 1990, 11.

Krebber, W., Opus Dei - Ein Mythos wird gehegt, in: Frankfurter Hefte 37, 1982, VI, 10-13.
- Ich bin der Weg ... Notizen zur säkularen Spiritualität des Opus Dei, in: Weltfrömmigkeit, Eichstätt/Wien 1985, 167-181, 353-356.

Macharski, F., Andere durch die Arbeit heiligen - Josemaría Escrivá und die Laienspiritualität, in: Die Furche, 5. Juli 1985.

Meier, M., Das Gotteswerk und das liebe Geld, in: Aufbruch Nr. 14, November 1990, 15.
- »Octopus Dei« an der Limmat - spanischer Import, in: Tages-Anzeiger, 10. Juli 1990.

Metz, D./Bonsen, E. zur, Die diskrete Strategie der »Heiligen Mafia«, in: Süddeutsche Zeitung, 6. Juli 1990.

Moncada, A., Opus Dei - eine katholische Sekte, in: Aufbruch Nr. 14, November 1990, 12 f.

Müller, B., »Die Kirche wird niemals zum Opus Dei werden!«, in: Aufbruch Nr. 14, November 1990, 4, 7.

Müller-Gonzalez, F., Opus Dei - Ein spanisches Säkularinstitut, in: Dokumente 2, 1955, 44-47.

Neuner, P., Die Warnungen sind berechtigt. Zur Diskussion über den »katholischen Fundamentalismus«, in: Herder Korrespondenz 45, 1991, 422-427.

Notizen. Zur Seligsprechung des Opus-Dei-Gründers Josemaría Escrivá, hg. v. Informationsbüro der Prälatur Opus Dei in Deutschland, Köln 1992.

Pohlschneider, J., Msgr. Escrivá de Balaguer y Albás, in: Deutsche Tagespost, 11./12. Juli 1975.

Poletti, U., Dekret zur Eröffnung des Prozesses der Selig- und Heiligsprechung des Dieners Gottes Josemaría Escrivá de Balaguer, Gründer des Opus Dei, in: Vizepostulation des Opus Dei (Hg.), Informationsblatt 4, Köln/Wien/Zürich 1981.

Popp, M., Ein seliger Weg? Über die Spiritualität von Josemaría Escrivá de Balaguer, Begründer des »Opus Dei«, in: Christ in der Gegenwart 44, 1992, 140.

Portillo, A. del, »Integralismus«. Stellungnahme zum gleichnamigen Artikel von H. U. v. Balthasar, in: Wort und Wahrheit 19, 1964, 224 f.

Roegele, O. B., Gewißheit der Berufung, in: Rheinischer Merkur, 23. September 1983.

Die Rolle des »Opus Dei« in England, in: Frankfurter Allgemeine Zeitung, 2. März 1981.

Schellenbaum, P., Urmißtrauen in den Menschen. Die Opus-Ideologie als Totengräberin der Kirche, in: Aufbruch Nr. 14, November 1990, 10.

Schick, C., Das Opus Dei oder die berufliche Arbeit als Weg zur Heiligkeit, in: Neue Zürcher Nachrichten, 28. September 1974.

Schönberger, A., Der Anti-Fundamentalismus-Feldzug, in: Der Fels 22, 1991, 323-325.

Schüler, A., Die Ideologie des spanischen Opus Dei, in: Die Weltwoche, 15. April 1965, 9.

Schuler, A., Recht unheiliges Wirken auf dem Weg zur Heiligkeit, in: Die Weltwoche, 9. August 1990.

Simons, K., Eine Tankstelle des lieben Gottes, in: Aachener Volkszeitung, 13. Juli 1985.

Staufer, H., Dunkle Belege aus dem Osten: Die Opus-Dei-Hetze und ihre Quellen, in: Die Welt, 14. Dezember 1984.

Sterner, S., Elite im Geist von Harvard und Opus Dei, in: Frankfurter Allgemeine Zeitung, 22. Januar 1981.

Stimpfle, J., Katholischer Fundamentalismus? Eine dringend notwendige Besinnung, in: Ulrichsblatt. Kirchenzeitung für die Diözese Augsburg, 17./18. August 1991, 3.

- Zur Fundamentalismus-Debatte. Bischof Dr. Josef Stimpfle antwortet Prof. Dr. Wolfgang Beinert, in: Ulrichsblatt. Kirchenzeitung für die Diözese Augsburg, S. 5.

Streithofen, H. B., Neoklerikale Inquisitoren, in: Die Neue Ordnung 39, 1985, 147-155.

Thomas, H., Konfessionalität wider Professionalität. Die Mobilmachung gegen das Opus Dei geht weiter, in: Die neue Ordnung, August 1991.

Thomas, R., Das Opus Dei - im Dienst an der Kirche. Eine Stellungnahme der

Generalleitung des Werkes, in: L'Osservatore Romano, deutsche Ausgabe, 20. Februar 1981.
- Ein Fest der Freude und der Dankbarkeit, in: Konradsblatt. Wochenzeitung für das Erzbistum Freiburg 76, 17. Mai 1992, 12 f.
Thull, M., »Opus Dei« gab Kirche seit 50 Jahren Impulse, in: Kölnische Rundschau, 2. Oktober 1978.
- Das geheime Werk Gottes, in: Kirchenzeitung für das Erzbistum Köln, 16. September 1983.
Walf, K., Fundamentalistische Strömungen in der katholischen Kirche, in: Fundamentalismus in der modernen Welt, hg. v. T. Meyer, Frankfurt 1989, 248-262.
Widman, C., Kein Orden, nur eine Institution. Das Opus Dei in seinem Selbstverständnis, in: Süddeutsche Zeitung, 31. Dezember 1982.

2.2. Aufsätze in Zeitschriften und Sammelbänden (fremdsprachig)

Aranda, A., Perfiles teologicos de la espiritualidad del Opus Dei, in: Scripta Theologica 12, 1990, 89-111.
Aranguren, J. L., La spiritualité de l»Opus Dei«. A propos d'une controverse, in: Esprit et Vie 4, 1965, 762-771.
Bernáldez, J. M., El caso Rumasa salpica al Vaticano y al Opus, in: Tiempo, 1. August 1983.
Byrne, A., Opus Dei, in: Gran Encyclopedia Rialp XVII, Madrid [2]1979, Sp. 346-351.
- Opus Dei, in: Gran Encyclopedia Rialp XXV, Madrid 1985, Sp. 1386-1396.
Byrne, F./Kealy, W., Inside Opus Dei, in: Sunday Independent, 16. August 1987.
Calderoni, P., Parla Ruiz Mateos, La cassaforte dell'Opus Dei, in: L'Espresso, 4. Mai 1986.
Calderoni, P./Luca, M. de, Bancus Dei, in: L'Espresso, 6. April 1986.
Capucci, F., Mons. Escrivá verso gli altari, in: Studi Cattolici 35, 1991, 677-683.
Carey-Elwes, C., Understanding Opus Dei, in: The Tablet, 26. März 1983.
Carmen Tapia, M. del, Good housekeepers for Opus Dei, in: National Catholic Reporter, 27. Mai 1983, 10-13.
Casanova, J. V., The first secular institute: The Opus Dei as a Religious-Mouvement-Organization, in: The Annual Review of Social Sciences of Religion 6, 1982, 243-285.
- The Opus Dei Ethic, the Technocrats and the Modernization of Spain, in: Social Science Information 1, 1983.
Castro, G. lo, Carisma e profezia (nella storia dell'Opus Dei), in: Studi Cattolici 35, 1991, 684-690.
Collar, G., Opus Dei: appellation controlée, in: Le Monde 24. 12. 1969.

Coverdale, J., Una respuesta a von Balthasar, in: Nuestro Tiempo Nr. 117, 1964, 1-12.

Crónica, revista interna del Opus Dei. Auszüge in: The Times Profile of Opus Dei. The Times, 17. Januar 1981.

Diego-Lora, C. de, 2 de octubre de 1928: commemoración de una fecha jubilar, in: Ius Canonicum 18, 1978, 21-51.

- Laicado y secularidad en la doctrina del fundador del Opus Dei, in: Scripta Theologica 19, 1987, 177-233.

Encinas, V. M., Una asociación llamada »Opus Dei«, in: Colligite 10, 1964, 61-68.

Felzmann, Vladimir, Why I left Opus Dei, in: The Tablet, 26. März 1983.

Fernández, M. I., El Opus Dei en Chile, in: Ercilla, 7. Mai 1980.

Fornés, J., Comentario a una monografía sobre el itinerario jurídico del Opus Dei, in: Ius Canonicum 30, 1990, 635-651.

Fuenmayor, A. de, Opus Dei, in: Dicionario de historia eclesiastica de España III, Madrid 1973, Sp. 1809 f.

Garcia Suarez, A., Existencia secular cristiana, in: Scripta Theologica 2, 1970, 145-164.

Hebblethwaite, P., Opus Dei: Lifting the Veil of Mystery, in: National Catholic Reporter, 27. Mai 1983.

Herrán, L. M., La devoción a San José en la vida y enseñanzas de Mons. Escrivá de Balaguer, in: Estudios Josefinos 68, 1980, 147-189.

Hertel, P., Organisation's irrestible rise, in: Catholic Herald, 13. November 1987, 5.

- Harsh, unyielding militancy of Opus Dei leadership, in: Catholic Herald, 20. November 1987, 5.

- Economic manipulation, in: Catholic Herald, 27. November 1987, 5.

Hervada, J., »Vita mutatur, non tollitur«. Recuerdo de Mons. Josemaría Escrivá de Balaguer y Albás, Fundador y primer gran canciller de la Universidad de Navarra, in: Person y derecho 2, 1975, 12-70.

Ipas, J., Alvaro del Portillo, in: Gran Encyclopedia Rialp XXV, Madrid 1985, Sp. 1351-1354.

Kamm, H., The Secret World of Opus Dei, in: New York Times Magazine, 8. Januar 1984.

King, R., Opus Dei, in: Sunday Times Magazine, 30. Mai 1971.

Longley, C., Aid to parents in Hume's Opus Dei guidelines, in: The Times, 4. Dezember 1981, 4.

M., J.-P., L'Opus Dei: une »Association secrète«?, in: L'Actualité Réligieuse, April 1986.

Orlandis, J., La personalidad histórica del fundador del Opus Dei, in: Scripta Theologica 17, 1985, 399-413.

Palla, P. G., L'Opus Dei, in: Movimenti ecclesiali contemporani, hg. v. A. Favale, Rom 1980, 105-118.

Pelaez, M., Sacerdoti e laici dell'Opus Dei al servizio della Chiesa, in: Studi Cattolici 23, 1979, 267-273.
Pero-Saz, J. M., La secularidad como estilo apostolico, in: Iglesia viva 12, 1971, 429-446.
Poletti, U., La romanità dell'Opus Dei, in: Romana 4, 1988, 306-309.
Portillo, A. del, Mons. Escrivá de Balaguer, testigo del amor a la Iglesia, in: Palabra 130, 1976.
- Le profonde radici di un messaggio, in: L'Osservatore Romano, 23. 6. 1985.
Raschini, M. A., Josemaría Escrivá: tutto l'uomo - tutto il mondo, in: Studi Cattolici 32, 1988, 743-753.
Reboul, M., L'Opus Dei, in: Le Figaro, 26. 6. 1985.
Rocca, G., L'Opus Dei. Appunti e documenti per una storia, in: Claretianum 25, 1985, 5-227; auch als Monographie (Rom 1985).
- Opus Dei 1985-1986: Cronaca e contenuti di un dibattito, in: Il Regno-Attualità 32, 1987, 34-36.
- Santa Croce e Opus Dei, in: Dizionario di Istituti di Perfezione VIII, hg. v. G. Rocca, Rom 1988, Sp. 666-674.
- Nota critica - L'Opus Dei visto dall'Opus Dei, in: Claretianum 29, 1989, 379-391.
Roche, J., The Secrets of Opus Dei, in: Magill, Mai 1983.
- Winning recruits - a personal experience, in: The Clergy Review 70, 1985, 349-359.
Rodriguez, P., El Opus Dei. Sobre la espiritualidad del trabajo, in: Nuestro Tiempo Nr. 201, 1971, 5-34.
- Algunos aspectos de la aportación de Mons. Escrivá de Balaguer a la teología y a la espiritualidad, in: Scripta Theologica 9, 1977, 9-128.
Scalfaro, O. L., L'Opus Dei in Parlamento, in: Studi Cattolici 30, 1986, 57-62.
Shaw, R., The Secret of Opus Dei, in: Columbia Magazine, März 1982.
- Judged by Opus Dei, in: The Tablet, 27. Februar 1988.
Stork, R., Apologia pro opere Dei, in: The Clergy Review 71, 1986, 60-67.
Tourneau, D. le, L'Opus Dei: son histoire, sa spiritualité, sa nature juridique, in: Esprit et Vie 92, 1983, 561-569, 577-588, 593-598.

II. Zur Errichtung des Opus Dei als Personalprälatur

1. Monographien

Berglar, P., Das Opus Dei als Personalprälatur, Korschenbroich 1989 (Themen aktuell 14).
Castro, G. lo, La prelatura personale Opus Dei e l'ordinamento dello Stato: Studi in memoria di M. Condorelli I/2, Mailand 1988.
Errichtung des Opus Dei als Personalprälatur. Dokumentation, hg. v. Informationsbüro des Opus Dei in Deutschland, Köln [3]1985.

Fuenmayor, A. de, Primatsgewalt und Personalpälaturen, Korschenbroich 1984 (Themen aktuell 13).
Klein, R. P., Die Personalprälatur im Verfassungsgefüge der Kirche, Diss. masch., Bonn 1992 (erscheint voraussichtlich 1993).
Rodriguez, P., Particular Churches and Personal Prelatures, Dublin 1986.
Zavala, G., A canonical analysis of the personal prelature Opus Dei, Diss. masch., Washington 1989.

2.1. Aufsätze in Zeitschriften und Sammelbänden (deutschsprachig)

Aymans, W., Die ganze Welt als Personaldiözese für das Opus Dei?, in: Frankfurter Allgemeine Zeitung, 13. Dezember 1979, 9.
B., G., Opus Dei - weltweite Diözese?, in: Herder Korrespondenz 34, 1980, 8 f.
Baggio, S., Ein Gewinn für die ganze Kirche, in: L'Osservatore Romano, deutsche Ausgabe, 10. November 1982, 6 f.
Costalunga, M., Errichtung des Opus Dei als Personalprälatur, in: L'Osservatore Romano, deutsche Ausgabe, 10. Dezember 1982, 9-11.
D., A., Opus Dei oder was ist eine Personalprälatur, in: Herder Korrespondenz 36, 1982, 472 f.
Fischer, B., Mit den Gerüchten um das Opus Dei ist es jetzt vorbei, in: Kölnische Rundschau, 10. Dezember 1982.
Flader, J., Personal Prelatures and Opus Dei, in: Australasian Catholic Record 60, 1983, 427-433.
Kaufmann, L., Weltbistum Opus Dei?, in: Orientierung 43, 1979, 241.
Meichsner, F., Papst verleiht Opus Dei mehr Autonomie, in: Die Welt, 25. August 1982.
Navarro-Valls, R., Das »Opus Dei« als Beispiel einer Personalprälatur nach dem neuen Recht, in: Theologie und Glaube 75, 1985, 165-188.
Ocáriz, F., Personalprälaturen und Episkopat, in: Forum Katholische Theologie 7, 1991, 211-216.
Peschke, K. G., »Meilenstein in der nachkonziliaren Entwicklung«. Das Opus Dei wurde von Johannes Paul II. zur Personalprälatur erhoben, in: Kathpress/Beilage Nr. 164, 26. August 1982, 1 f.
Portillo, A. del, Was ist eine Personalprälatur? Struktur und Geist des Opus Dei, in: Klerusblatt 63, 1983, 207.
Roggendorf, J., Maßanzug statt Panzerhemd, in: Die Welt, 8. September 1982.
Schunck, R., Zur Personalprälatur des Opus Dei, in: Anzeiger für die Seelsorge 92, 1983, 42, 44.
- Die Errichtung der Personalprälatur Opus Dei. Impulse des Konzils zu neuen Wegen zur Heiligung und des Apostolates in unserer Zeit, in: Theologie und Glaube 73, 1983, 89-107.
- Säkulare Spiritualität des Opus Dei. Die Rechtsform der Personalprälatur si-

chert dem Opus Dei seine säkulare Spiritualität, in: Münchener Theologische Zeitschrift 35, 1984, 47-59.
Stoffel, O., Das Opus Dei als Personalprälatur, in: Ordenskorrespondenz 23, 1982, 430-436.

2.2. Aufsätze in Zeitschriften und Sammelbänden (fremdsprachig)

Aranda, A., El Opus Dei - Prelatura personal, in: Scripta Theologica 15, 1983, 109-118.
Arias, J., Prelatura personal del Opus Dei, in: Naturaleza y gracia 30, 1983, 407-417.
Arrieta, J., El Opus Dei, prelatura personal - Decisión histórica del papa Juan Pablo II, in: Revista Española de Teología 42, 1982, 457-465.
- L'atto di erezione dell'Opus Dei in Prelatura personale, in: Apollinaris 56, 1983, 89-114.
Castro, G. lo, Le prelature personali per lo svolgimento di specifiche funzioni pastorali, in: Il Diritto ecclesiastico 94, 1983.
- Un'Istituzione giuristdizionale gerarchica nella chiesa. La prelatura personale Opus Dei, in: Il Diritto ecclesiastico 97, 1986, 547-579.
Cavalleri, C., La novità ecclesiale dell'Opus Dei, in: Studi Cattolici 26, 1982, 598-601.
Diego-Lora, C. de, El nou estatuto de l'Opus Dei, in: Qüestions de vida cristiana 121, 1984, 100-103.
Echeverría, L. de, Un comentario difícil, in: Vida nueva, 11. September 1982.
- Nueva lectura de »un comentario difícil«, in: Vida nueva, 25. Dezember 1982.
- Analisis jurídica de la nueva prelatura, in: Vida nueva, 9. Juli 1983.
- El Opus Dei e sus 'secretos', in: Vida nueva, 15. März 1986.
Fagiolo, V., Carisma e diritto nella fondazione dell'Opus Dei, in: L'Osservatore Romano, 23. Juni 1985.
Fornés, J., El perfil jurídico de las Prelaturas personales. Un comentario a la constitución »Ut Sit«, in: Monitor Ecclesiasticus 108, 1983, 436-472.
Fuenmayor, A. de, La erección del Opus Dei en Prelatura personal, in: Ius Canonicum 23, 1983, 9-55.
- El Vaticano II y el Opus Dei, in: La Ciudad de Dios 196, 1983, 494-504.
- Le prelature personali e l'Opus Dei, in: Ius Ecclesiasticum 1, 1989, 157-175.
Fumagalli Carulli, O., Una figura giuridica nuova, in: Studium 11-12, 1982.
- Con la prelatura personale nuovo assetto dell'Opus, in: Il Tempo, 11. Januar 1983.
Gervais, J. M., L'Opus Dei face à un droit inadapté, in: Praxis Juridique et Religion 5, 1988, 91-98.
Gómez-Iglesias, V., L'ordinazione episcopale del Prelato dell'Opus Dei, in: Ius Ecclesiasticum 3, 1991, 251-265.

Guerra Gomez, M., La configuración jurídica del Opus Dei como Prelatura personal, in: Burgense 24, 1983, 315-330.
- A ereçao do »Opus Dei« como Prelazia Pessoal, in: Revista ecclesiastica brasileira 43, 1983, 140-147.
Gutiérrez, J. L., De Praelatura personali iuxta leges eius constitutivas et Codicis Iuris Canonici normas, in: Periodica 72, 1983.
- La Costituzione apostolica »Ut Sit« e la figura giuridica della Prelatura personale, in: Apollinaris 57, 1984, 335-340.
- Unità organica e norma giuridica nella costituzione apostolica »Ut Sit«, in: Romana 2, 1986, 342-351.
Hervada, J., El concilio - realidad viva. A proposito del Opus Dei, in: Diario de Navarra, 5. September 1982.
- Aspetti della struttura giuridica dell'Opus Dei, in: Il Diritto ecclesiastico 97, 1986, 410-430.
- Comentario a la constitución apostolica »Ut Sit«, in: Ephemerides Iuris Canonici 46, 1990, 215-233.
Livi, A., Carisma e istituzione: la nuova configurazione giuridica dell'Opus Dei, in: La Rivista del clero italiano 64, 1983, 154-159.
Lombardía, P., La prelatura personal - una aplicación del Vaticano II, in: Ecclesia Nr. 2105, 1982, 21 f (1725 f.).
Longley, C., Setback for Opus Dei opponents, in: The Times, 25. August 1982, 3.
Longley, C./Vat, D. van der, The Times profile of Opus Dei. New mood in Rome encourages »church within a church«, in: The Times, 12. Januar 1981.
Madurga, J. R., The Laity in the Opus Dei Prelature, in: Catholic Position Papers 4, 1984.
Manzanares, J., Gozo e inquietud ante una noticia, in: Ecclesia Nr. 2105, 1982, 23 f. (1727 f.).
Marques, J. A., A situçao jurídica no Opus Dei dos sacerdotes incardinados numa Diocese, in: Theologica 17, 1983.
- A Prelatura da Santa Cruz e »Opus Dei«, in: Theologica 18, 1984, 31-93.
Martín de Agar, J. T., El nuevo estatuto canónico del Opus Dei, in: Mayéutica 8, 1982, 241-249.
Messner, F., Conflît de pouvoir dans l'Eglise: La prélature personnelle au service de l'Opus Dei, in: Praxis Juridique et Religion 2, 1985, 227-242.
Ocáriz, F., La consacrazione episcopale del prelato del Opus Dei. Significato ecclesiale e teologico dell'ordinazione, in: Studi Cattolici 35, 1991, 22-29.
Olmi, M., L'Opus Dei - Son évolution canonique, in: Etudes 119, 1986, 683-691.
Ombres, R., Opus Dei and Personal Prelatures, in: The Clergy Review 70, 1985, 292-295.
Otaduy, J., Carisma y derecho en la erección del Opus Dei como Prelatura personal, in: Iglesia viva 184, 1983, 227-238.

Pérez Recio, M., El Opus Dei erigido en Prelatura personal, in: Studium Legionense 24, 1983, 159-172.

Portillo, A. del, Struttura giurisdizionale e spiritualità dell'Opus Dei, in: L'Osservatore Romano, 25. 3. 1983.

Prezzi, L., Le migrazione giuridiche dell'Opus Dei, in: Il Regno-Attualità 18, 1985.

Rodriguez, A., Prelaturas personales. Una nueva figura jurídica, in: Teología y Vida 24, 1983.

Rodriguez, A./Ibañez Langlois, J. M., Nuevos frutos de la eclesiología conciliar, in: Communio (Lateinamerikanische Ausgabe) 10, 1984.

Rodriguez, P., Opus Dei - Charism and law, in: Catholic Position Papers 3, 1983, 26-30.

Rodriguez, P./Fuenmayor, A. de, Sobre la naturaleza de las Prelaturas personales y su inserción dentro de la estructura de la Iglesia, in: Ius Canonicum 24, 1984.

Rutler, G. W., The rise of Opus Dei, in: New Oxford Review, Juni 1983, 6-8.

Stetson, W. A., Opus Dei - The church's first personal Prelature, in: Homiletic and Pastoral Review 7, 1983, 64-70.

Tomasetti, R., L'Opus Dei e la nuova figura giuridica delle Prelature personali, in: Aggiornamenti sociali 35, 1984, 677-692.

Tourneau, D. le, L'Opus Dei, prélature personnelle, dans le droit fil de Vatican II, in: Recherches de Sciences Religieuses 57, 1983, 259-309.

- Una decisione storica di Giovanni Paolo II: L'Opus Dei come prelatura personale, in: Renovatio 18, 1983, 71-76.
- O Opus Dei, Prelazia pessoal - Decisao histórica de Joao Paulo II, in: Cultura e Fé, Janur-März 1983.
- Il cammino giuridico dell'Opus Dei, in: Studi Cattolici 30, 1986, 93-102.

Udaondo, G., Il Concilio e le prelature personali, in: Studium 11-12, 1982.

Walsh, M. J., Opus Dei's New Status, in: The Tablet, 16. Oktober 1982.

Woodrow, A., Qu'y a-t-il derrière le changement de statut de l'Opus Dei?, in: Le Monde, 14. November 1979.

- Un corps d'élite pour le Pape?, in: Le Monde, 25. August 1982.

Verzeichnis der Mitarbeiter

Peter Hertel
geb. 1937; Studium der katholischen Theologie in Münster und München. Neun Jahre als innenpolitischer Redakteur u. a. bei der katholischen Wochenzeitung »Publik« tätig; seit 1973 Redakteur beim Norddeutschen Rundfunk (Hauptredaktion Kulturelles Wort/Religion und Gesellschaft); Vorstandsmitglied der Hildesheimer Diözesansynode 1989/90.

Ronald P. Klein
geb. 1963 in Bonn; Studium der katholischen Theologie in Bonn und Würzburg, gegenwärtig Seminarist in Köln. 1992 Dissertation zum Thema »Die Personalprälatur im Verfassungsgefüge der Kirche« (erscheint ca. 1993).

Dietmar Mieth
Prof. Dr. theol., geb. 1940; Studium der Theologie, Germanistik und Philosophie. Seit 1981 Professor für Theologische Ethik an der Universität Tübingen; Sprecher des Tübinger Zentrums für Ethik in den Wissenschaften; Direktionsmitglied von Concilium; verheiratet, zwei Kinder.

Hans Stephan Puhl
Geboren 1941 in Prag; Jura-Studium in München, Madrid und Bonn. Seit 1970 bei Misereor in Aachen tätig, von 1976 bis 1982 Grundsatzreferent in der Hauptabteilung Projekte und zuständig für Projektevaluierungen, seitdem in der Leitung der Asienabteilung. Opus-Dei-Mitglied seit 1963.

Christel Schneller
Geboren 1942 in Oberuhldingen; Jugendarbeit in der DPSG; Ausbildung zur Erzieherin in Hegne; Hausfrau; verheiratet, sechs Kinder. Opus-Dei-Mitglied seit 1975.

Harald Schützeichel
Dr. phil., Dipl.-Theol., geb. 1960; Studium der katholischen Theologie, Philosophie und Musikwissenschaft in Bonn und Freiburg i. Br.; Studienleiter an der Katholischen Akademie der Erzdiözese Freiburg.

Sturmius-M. Wittschier
Priv.-Doz. Dr. theol., geboren 1945; Studium der Theologie und Geschichte; Privatdozent an der Katholisch-theologischen Fakultät der Universität Bonn; Psychoanalytiker in freier Praxis und Leiter von Psychodrama-Kursen.